DIE SIRA

DAS LEBEN MOHAMMEDS

CENTER FOR THE STUDY OF POLITICAL ISLAM

BILL WARNER

CSPI
International

Bill Warner
Die Sira

Englisches Original "The Sira"
Herausgegeben von CSPI Publishing, Inc 2010 in USA

Übersetzt von Levin Blum
Herausgegeben von CSPI International
Lidicka 700/19, 602 00 Brno, Czech Republic

1. Auflage, Brno 2016
ISBN 978-80-88089-57-5 (paperback, A5)

Über den Autor

Dr. Bill Warner ist ein prominenter und hoch angesehener Experte auf dem Gebiet des Politischen Islam. Er promovierte 1968 an der NC State University in Physik und Mathematik. Acht Jahre lang war er Professor an der Tennessee State University. Seit frühster Jugend zeigte Dr. Warner ein besonderes Interesse an Religionen und deren Auswirkungen auf die Geschichte. Über Jahrzehnte hinweg studierte er Schriften der Weltreligionen. Noch vor der Zerstörung des World Trade Centers in New York prophezeite er einen Krieg zwischen dem Islam und Amerika. Nur einen Tag nach den Anschlägen auf das World Trade Center am 11. September entschloss er sich schließlich dazu, die Schriften des Islam für jedermann und leicht verständlich zugänglich zu machen.

Der Physiker und Mathematiker Dr. Warner bediente sich auch bei der Analyse der islamischen Glaubenslehren wissenschaftlich-analytischer Methoden. Am Anfang seiner Arbeit stand die Erkenntnis, dass die Schriften des Islam absichtlich kompliziert gestaltet wurden und daher schwierig zu verstehen sind. Daraufhin entwickelte er ein Lehrprogramm mit dem Ziel, die daraus resultierende Verwirrung zu beseitigen. Es wurde dabei deutlich, dass der Islam nicht auf denselben humanistischen Prinzipien aufgebaut ist, wie sie anderswo gelten.

Heute ist Dr. Warner Vorsitzender des von ihm gegründeten Center for the Study of Political Islam (CSPI). Er hat über ein Dutzend Bücher geschrieben, in denen er die Inhalte des Politischen Islam auf verständliche Weise vermittelt. Darüber hinaus entwickelte er einen Kurs für das Selbststudium zum gleichen Thema.

CSPI International

Das Center for the Study of Political Islam, im Folgenden mit CSPI abgekürzt, ist ein gemeinnütziges, politisch und religiös unabhängiges Bildungsinstitut mit Hauptsitz in der Tschechischen Republik. Mit seinem umfassenden Bildungsangebot über den Politischen Islam erreicht das CSPI eine breite Öffentlichkeit.

Der Islam basiert auf drei Hauptschriften, dem Koran, der Sira (die Biographie Mohammeds) und den Hadith-Sammlungen (die Überlieferung der Worte und Taten des Propheten Mohammed). Der nicht-religiöse Teil dieser Schriften regelt primär Rechte und Beziehungen zwischen Muslimen und Nicht-Muslimen, den so genannten Kuffar. Er wird als Politischer Islam bezeichnet.

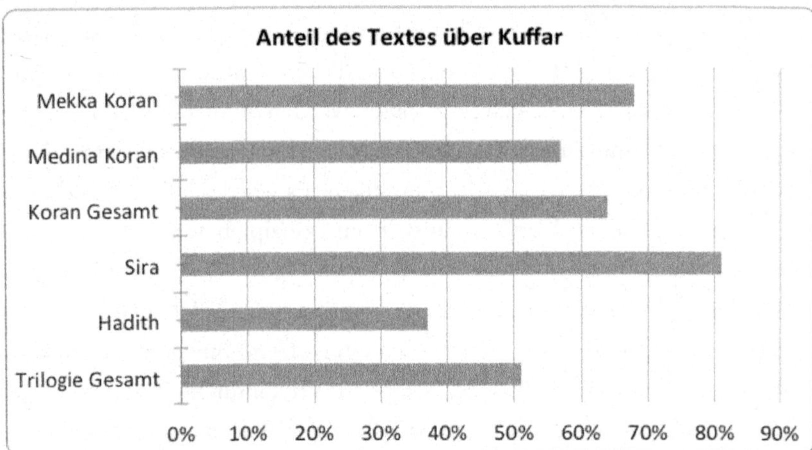

Das CSPI hat die islamische Trilogie in seiner Gesamtheit wissenschaftlich analysiert und kategorisiert. Das Ergebnis dieser Arbeit ist überprüfbares, auf Fakten basierendes Wissen, welches ein tiefes Verständnis von den Zielen und Methoden des Politischen Islam vermittelt. Dieses Wissen möchte das Institut für jedermann zugänglich machen.

> *„Unser Ziel ist es die Welt über Politischen Islam, seinen Gründer Mohammed, seine politische Doktrin und seinen Gott Allah aufzuklären."*
>
> CSPI International
> www.politicalislam.eu

Disclaimer

CSPI befasst sich ausschließlich mit dem Studium des Politischen Islam (51 % der Trilogie) als bedeutende weltpolitische Ideologie mit eigenem Rechtssystem, eigener Kultur, Geschichte und einem unverkennbar starken Einfluss auf andere politische Ideologien. Die religiösen Elemente des Islam (49 % der Trilogie) sind Privatsache eines jeden Muslim und daher für die Arbeit des CSPI nicht von Interesse.

Das CSPI distanziert sich ausdrücklich von jeglicher Verwendung seiner sämtlichen Lehrinhalte und seines geistigen Eigentums für illegale und/oder gewalttätige Aktionen sowie für durch Intoleranz, Fremdenfeindlichkeit, Rassismus oder Unterdrückung der Religionsfreiheit motivierte Aktionen von Einzelpersonen oder Gruppen. Das CSPI distanziert sich des Weiteren ausdrücklich von jeglichen Bestrebungen, das verfassungsmäßige Recht auf Religionsfreiheit zu begrenzen.

Das CSPI befasst sich ausschließlich mit dem Studium des Politischen Islam. Private Glaubensvorstellungen respektiert das Institut ohne jede Einschränkung.

Inhalt

MAP OF
ARABIA
600 A.D.
MEDITER-
RANEAN
SEA
SYRIA
MESOPOTAMIA
(IRAQ)
MUTA
TABUK
FADAK
KHAYBAR
ARABIA
MEDINA
BADR
RED SEA
MECCA
HUDABIYA
HUNAIN
EGYPT
YEMEN
N
ABYSSINIA
(ETHIOPIA)

Einführung

Kapitel 1

Eine der einfachsten Methoden für das Studium des Islam besteht darin, sich über Mohammed zu informieren. Seine Biografie bezeichnet man als die Sira und dieses Buch bietet eine kompakte Version davon.

Die Islamische Bibel - Die Trilogie

Der Islam gründet auf den Worten Allahs im Koran sowie auf den Worten und Taten Mohammeds – der **Sunna**.

Die Sunna findet sich in zwei verschiedenen Textsammlungen – der Sira (Mohammeds Leben) und den Hadithen. Im Koran steht 91 mal, dass Mohammeds Worte und Taten als göttliches Vorbild für die Menschheit zu betrachten sind.

Ein Hadith (= Tradition) ist eine kurze Geschichte über etwas, das Mohammed gesagt oder getan hat. Eine Sammlung von Hadithen bezeichnet man ihrerseits als Hadith. Es gibt viele Hadith-Sammlungen, die maßgeblichsten jedoch sind die von Bukhari und Abu Muslim; sie sind es auch, die in diesem Buch verwendet werden.

Die Trilogie besteht somit aus dem Koran, der Sira und den Hadithen. Die meisten Leute glauben, der Koran sei die „Bibel" des Islam, doch er deckt nur etwa 14 Prozent der gesamten Lehre in Textform ab. Die Trilogie bildet die Grundlage und Gesamtheit des Islam.

Der prozentuale Anteil der Texte der Trilogie

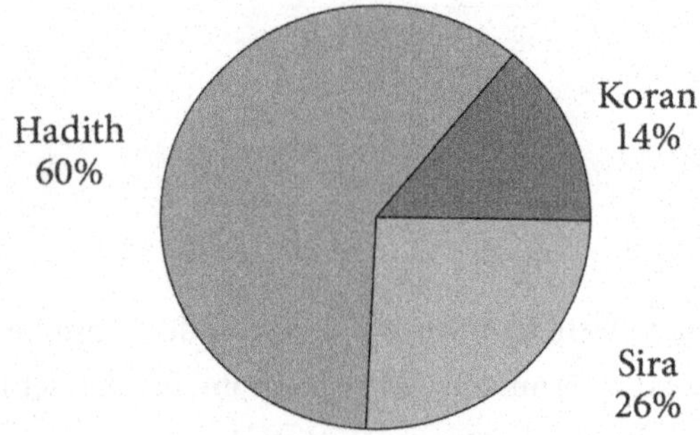

Der Islam stützt sich auf die Worte Allahs im Koran sowie auf die Worte und Taten Mohammeds, der **Sunna**.

Kein einzelner Text der Trilogie kann für sich selbst stehen; es ist unmöglich, irgendeinen dieser Texte zu verstehen, ohne die anderen zu Hilfe zu nehmen. Koran, Sira und Hadith sind ein nahtloses Ganzes und sprechen mit einer Stimme. Was sich in der Trilogie findet, gehört zum Islam.

Kafir

Das Wort Kafir (Plural: Kuffar) wird in diesem Buch anstelle des Standardbegriffs „Ungläubiger" verwendet. Ungläubiger ist ein neutraler Begriff. Was ein Kafir ist, wird im Koran definiert, und es ist kein neutraler Begriff. Ein Kafir ist nicht einfach nur jemand, der mit dem Islam nicht konform geht – ein Kafir ist böse, abstoßend, die niedrigste Lebensform. Kuffar dürfen getäuscht, gehasst, gefoltert, getötet, belogen und betrogen werden. Das übliche Wort „Ungläubiger" spiegelt nicht die politische Realität des Islam wieder.

Es gibt viele religiöse Bezeichnungen für Kuffar: Polytheisten, Götzenanbeter, Anhänger des Buches (Christen und Juden), Buddhisten, Atheisten, Agnostiker und Heiden. Der Begriff Kafir schließt sie alle ein, da sie unabhängig von ihrer religiösen Benennung alle gleich behandelt werden dürfen. Was Mohammed über Polytheisten sagte und mit Polytheisten machte, kann auch mit jeder anderen Kategorie von Kuffar gemacht werden.

Der Islam widmet dem Kafir einen beträchtlichen Teil seines Inhalts. Der größte Teil (64 %) des Korans ist den Kuffar gewidmet, und fast die gesamte Sira (81 %) handelt von Mohammeds Kampf gegen sie. Der Hadith (die Traditionen) widmet den Kuffar 37 % Text. Insgesamt beschäftigen sich 51 % der Trilogie mit dem Kafir[1].

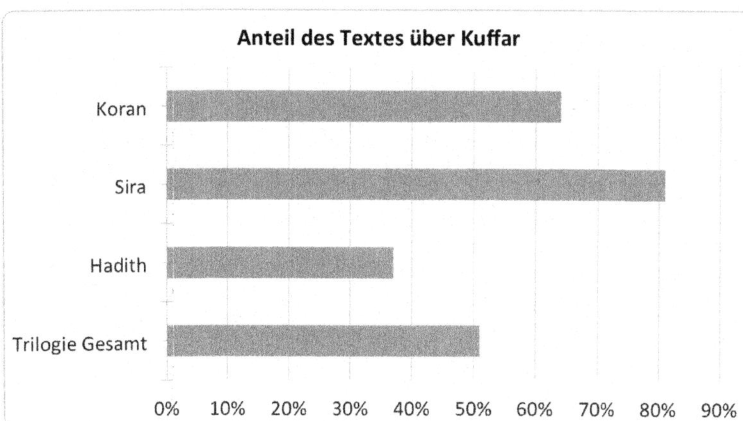

1 http://cspipublishing.com/statistical/TrilogyStats/AmtTxtDevotedKafir.html

Hier einige der Textstellen im Koran[2]:

Ein Kafir darf verspottet werden.

> **Koran, Sure 83:34** *Heute aber sind die Gläubigen diejenigen, die sich über die Ungläubigen lustig machen.*

Ein Kafir darf enthauptet werden.

> **Koran, Sure 47:4** *Wenn ihr (im Kampf) auf die stoßt, die ungläubig sind, so haut (ihnen) auf den Nacken; und wenn ihr sie schließlich siegreich niedergekämpft habt, dann schnürt ihre Fesseln fest.*

Gegen einen Kafir darf man sich verschwören.

> **Koran, Sure 86:15** *Wahrlich, sie planen eine List. Und Ich plane eine List. Darum gewährt nun den Ungläubigen Aufschub, ein klein wenig Aufschub.*

Ein Kafir darf terrorisiert werden.

> **Koran, Sure 8:12** *Da gab dein Herr den Engeln ein: „Ich bin mit euch; so festigt denn die Gläubigen. In die Herzen der Ungläubigen werde Ich Schrecken werfen. Trefft (sie) oberhalb des Nackens und schlagt ihnen jeden Finger ab!"*

Ein Muslim ist kein Freund eines Kafirs.

> **Koran, Sure 3:28** *Die Gläubigen sollen die Ungläubigen nicht statt der Gläubigen zu Beschützern nehmen; und wer solches tut, der findet von Allah in nichts Hilfe außer ihr fürchtet euch vor ihnen. Und Allah warnt euch, vor Sich Selbst (achtlos zu sein), und zu Allah ist die Heimkehr.*

---

2 Folgende Koran-Übersetzung wurde für dieses Buch durchgehend herangezogen: Die ungefähre Bedeutung des Al-Qur'an Al-Karim, Muhammad Rassoul, Islamische Bibliothek, 2009.

Ein Kafir ist verflucht.

> **Koran, Sure 33:61** *Verflucht seien sie! Wo immer sie gefunden werden, sollen sie ergriffen und rücksichtslos hingerichtet werden. So geschah der Wille Allahs im Falle derer, die vordem hingingen; und du wirst in Allahs Willen nie einen Wandel finden.*

Kuffar und Anhänger des Buches

Muslime erzählen den Christen und Juden, sie wären etwas Besonderes. Sie seien „Anhänger des Buches" und Brüder im abrahamitischen Glauben. Im Islam jedoch gilt der und wirklich nur der als Christ, der Christus für einen Propheten Allahs hält; der anerkennt, dass es keine Dreifaltigkeit gibt; Jesus weder gekreuzigt noch auferstanden ist, und der anerkennt, dass Jesus wiederkehren wird, um das Gesetz der Scharia zu errichten. Um als echter Jude zu gelten, muss man daran glauben, dass Mohammed der letzte einer Reihe von jüdischen Propheten ist.

Dieser Vers zeugt davon:

> **Koran, Sure 5:77** *Sprich: „O Leute der Schrift, übertreibt nicht zu Unrecht in eurem Glauben und folgt nicht den bösen Neigungen von Leuten, die schon vordem irregingen und viele irregeführt haben und weit vom rechten Weg abgeirrt sind."*

Die islamische Lehre ist dualistisch, also gibt es auch eine entgegengesetzte Sichtweise. Hier der letzte Vers, der über die Anhänger des Buches geschrieben wurde. (Ein späterer Vers setzt einen vorangehenden außer Kraft. Vergleiche Kapitel 6). Dies ist das letzte Wort. Es ruft die Muslime zum Krieg gegen die Anhänger des Buches auf, die nicht an den Islam, an die Religion der Wahrheit, glauben.

> **Koran, Sure 9:29** *Kämpft gegen diejenigen, die nicht an Allah und an den Jüngsten Tag glauben, und die das nicht für verboten erklären, was Allah und Sein Gesandter für verboten erklärt haben,*

und die nicht dem wahren Glauben folgen - von denen, die die Schrift erhalten haben, bis sie sich eigenhändig den Tribut in voller Unterwerfung entrichten.

Der Satz „ … die das nicht für verboten erklären …“ bedeutet, dass sie das Gesetz der Scharia nicht anerkennen; „in voller Unterwerfung“ bedeutet, sich dem Gesetz der Scharia zu unterwerfen; Christen und Juden, die Mohammed nicht als den letzten der Propheten anerkennen, sind Kuffar.

Im Islam gelten Christen und Juden als Ungläubige und „Anhänger des Buches“, Hindus als Polytheisten und Heiden. Die Begriffe Ungläubige, Anhänger des Buches, Heiden und Polytheisten sind religiöse Termini. Nur das Wort „Kafir“ deutet auf die politische Gleichbehandlung von Christen, Juden, Hindus, Buddhisten, Animisten, Atheisten und Humanisten hin. Was einem Heiden angetan werden darf, darf auch einem Juden oder jedem anderen Kafir angetan werden.

Es ist ganz einfach. Wer nicht glaubt, dass Mohammed der Prophet Allahs ist, ist ein Kafir.

Das Wort Kafir ersetzt in diesem Buch die Begriffe „Ungläubiger“, „Nicht-Muslim“ oder „Zweifler“. Ungläubiger oder Nicht-Muslim sind neutrale Begriffe, Kafir jedoch ist kein neutrales Wort. Es ist im Gegenteil extrem fanatisch und polarisierend.

Die drei Sichtweisen des Islam

Es gibt drei Sichtweisen hinsichtlich des Umgangs mit dem Islam. Der jeweilige Standpunkt hängt davon ab, wie man zu Mohammed steht. Wenn jemand glaubt, Mohammed sei der Prophet Allahs, dann ist er gläubig. Glaubt er nicht daran, ist er ein **Kafir**. Der dritte Standpunkt ist der eines **Dhimmi** – eines Kafirs, der gleichzeitig Fürsprecher des Islam ist.

Dhimmis glauben nicht, dass Mohammed ein Prophet war, doch sie meiden Äußerungen, die einem Muslim missfallen könnten. Dhimmis beleidigen den Islam nie und verurteilen jede Analyse, die den Islam kritisiert, als voreingenommen.

Sehen wir uns ein Beispiel für die drei Betrachtungsweisen an.

In Medina saß Mohammed den ganzen Tag neben seiner zwölfjährigen Ehefrau, während beide zusahen, wie 800 Juden die Köpfe mit dem Schwert abgetrennt wurden[3]. Die Köpfe wurden ihnen abgetrennt, weil sie gesagt hatten, Mohammed sei nicht der Prophet Allahs. Muslime betrachten diese Hinrichtungen als notwendig, da die Leugnung von Mohammeds Prophetenschaft als eine Beleidigung des Islam und die Enthauptung als angemessene Bestrafungsmethode gilt, die von Allah gebilligt wird.

Kuffar deuten dieses Geschehen als Beweis für die dschihadistische Gewalt des Islam und als ein Gewaltverbrechen. Sie nennen es ethnische Säuberung.

Apologeten (Dhimmis) bezeichnen dies als historisches Ereignis und beteuern, in der Vergangenheit aller Kulturen sei Gewalt ausgeübt worden, und man solle kein Urteil darüber fällen. Sie ignorieren den islamischen Glauben, dass die Sunna – Mohammeds Worte und Taten der Vergangenheit – ein vollkommenes Modell für unsere Zeit, für die Zukunft und für immer und ewig darstelle. Sie ignorieren auch die Tatsache, dass dieses vergangene Geschehen – die Enthauptung 800 jüdischer Männer – auch heute und in Zukunft noch akzeptabel ist, wie das Schicksal von Daniel Pearl (einem Reporter, der vor laufender Kamera enthauptet wurde) beweist.

Je nach Betrachtungsweise war die Ermordung von 800 Juden also entweder ein Gewaltverbrechen, ein vollkommen göttlicher Akt oder einfach nur ein historisches Ereignis. Wählen Sie selbst!

Dieses Buch wurde aus der Sicht von Kuffar verfasst und ist somit Kafir-zentriert. Alles in diesem Buch dient der Betrachtung dessen, wie der Islam sich auf einen Kafir, also einen Nicht-Muslim auswirkt. Das heißt auch, dass der Islam als Religion hier von untergeordneter Bedeutung ist. Nur ein Muslim interessiert sich für den Islam als Religion, doch alle Kuffar sind von den politischen Ansichten des Islam betroffen.

---

3 The Life of Muhammad, A. Guillaume, Oxford University Press, 1982, pg. 464

Man beachte, dass es hier kein richtig oder falsch gibt, sondern nur unterschiedliche Sichtweisen, die nicht miteinander zu vereinbaren sind. Eine Aussöhnung zwischen den Sichtweisen des Kafirs und des Muslims ist nicht möglich. Der Apologet versucht im Sinne eines Kompromisses eine Brücke zu bauen, doch dies ist logisch unmöglich.

Maxime

Der Islam ist in erster Linie eine politische Ideologie. Keine islamische Handlung oder Aussage lässt sich verstehen, wenn man ihren Ursprung in der Trilogie nicht versteht. Jede Analyse, Feststellung oder Anschauung über den Islam, die nicht durch die Trilogie belegt wird, ist unvollständig. Die Trilogie ist die Quelle und Basis der gesamten islamischen Politik, Diplomatie, Geschichte, Philosophie, Religion und Kultur.

Das Referenzsystem

Dieses Buch ist insofern außergewöhnlich, da es zwei Aufgaben gleichzeitig erfüllt: Zum einen ist es das einfachste Buch, das Sie lesen können, um etwas über den wahren Mohammed zu erfahren. Zum anderen ist es eine maßgebliche Biographie aufgrund der Verwendung nummerierter Verweisstellen. [Zerbrechen Sie sich über diese Nummern nicht den Kopf – Sie können ebenso gut über sie hinweglesen. Sie wurden nur angeführt für den Fall, dass Sie für das Gelesene einen Beleg suchen oder mehr erfahren wollen. Die Verweisnummer gestattet ihnen, auf die Textquelle zurückzugreifen. Das System ähnelt einer Einteilung in Kapiteln und Verse.] Hier ein Beispiel:

> **I125** *Mohammed traf eine Entscheidung, die Salomo gefallen hätte.*

Der Buchstabe I in I125 weist darauf hin, dass der Text von Ishaq stammt, dem maßgeblichsten Autor der Sira. Die 125 ist eine Bezugsnummer, wie sie sich an den Seitenrändern der Sira finden. (**The Life of Muhammad**, A. Guillaume).

Weitere Bezüge in diesem Buch:

M123 verweist auf W. Muir, **The Life of Muhammad**, AMS Press, Seite 123.

2:123 verweist auf den **Koran**, Sure 2, Vers 123.

B1,3,4 verweist auf **Sahih Bukhari**, Band 1, Buch 3, Nummer 4.

M012,1234 verweist auf **Sahih Muslim**, Buch 12, Nummer 1234.

Dieses Buch ist eine Bearbeitung von **Mohammed and the Unbelievers** von CSPI Publishing.

Die Anfänge

Kapitel 2

8:13 Dies (war so), weil sie Allah und Seinem Gesandten trotzten. Wer aber Allah und Seinem Gesandten trotzt - wahrlich, Allah ist streng im Strafen.

Mohammed erschuf die Philosophie des Islam nicht aus freien Stücken oder als philosophische Übung. Jeder Vers, jeder Hadith ist die Reaktion auf ein Ereignis in Mohammeds Leben. Kurz gesagt, es existiert ein Kontext, und dieser Kontext findet sich in Mohammeds Autobiografie, der Sira.

Im Hadith finden sich die kleinen Details, aber es findet sich kein Gesamtbild. Der Koran hat so gut wie keine Erzählhandlung und nur wenig Bezug zu geschichtlichen Ereignissen. Die Sira jedoch bietet eine packende Darstellung der Person Mohammed und der explosionsartigen Ausbreitung des Islam. Nur in der Sira findet sich eine Erklärung für den Islam und seine Lehre im Sinne einer historischen Entwicklung.

Mohammed begann als Prediger und wurde danach Politiker und Krieger. Als Prediger gewann er im Laufe von dreizehn Jahren nur 150 Anhänger. Dann verlieh er der Strategie des Islam eine politische Form. Nach zehn Jahren Dschihad – Heiligem Krieg – wurde Mohammed der erste Herrscher von ganz Arabien und ließ dort keinen einzigen seiner Gegner am Leben. Er triumphierte politisch auf der ganzen Linie. Der Prozess nahm neun Jahre in Anspruch, wobei es alle sieben Wochen zu einem gewaltsamen Übergriff kam.

Die Sira handelt in erster Linie vom Dschihad. Mehr als 75 % des Textes beschäftigen sich mit politischen Kämpfen, Angriffen, Schlachten und Diebstählen. Es ist der Dschihad, der zu Sklaverei führt und die politische Grundlage für die rechtmäßige Unterdrückung von Frauen darstellt.

Die Sira verleiht dem Islam einen Kontext. Ohne die Sira und den Hadith gibt es keinen Islam. Ohne die Geschichte Mohammeds ist der Koran unverständlich und ergibt keinen Sinn.

Kindheit

Mohammeds Vater hieß Abdullah, das bedeutet so viel wie „Sklave Allahs". Allah war unter den vielen Göttern, die in der Stadt Mekka verehrt wurden, ein Hochgott. Mohammeds Vater starb während der Schwangerschaft seiner Mutter. Als er fünf Jahre alt war, starb auch seine Mutter, und sein Großvater übernahm seine Erziehung. Als schließlich auch der Großvater starb, wurde Mohammed zum dritten Mal zum Waisen. Von nun an kümmerte sich sein Onkel Abu Talib um ihn. Alle waren sie vom Stamm der Quraisch. Diese wenigen Fakten sind alles, was über seine frühe Kindheit bekannt ist.

> **I115** *Als Mohammed acht Jahre alt war, starb sein Großvater. Daraufhin nahm ihn sein Onkel Abu Talib zu sich auf.*

Er nahm ihn mit auf eine Handelsreise nach Syrien, das sich von Mekka stark unterschied. Syrien war ein hochentwickeltes christliches Land und gehörte in weiten Teilen zur weltoffenen Kultur des Mittelmeerraums. Es waren syrische Christen, die den Arabern ihr Alphabet gaben. Als Mohammed ein Kind war, gab es noch kein einziges in arabisch geschriebenes Buch. Nur Gedichte und Geschäftskorrespondenz wurden auf Arabisch verfasst.

Heirat

> **I120** *Als Mohammed erwachsen war, bekam er eine Anstellung bei der reichen Witwe Khadija, einer entfernten Cousine, die er bei ihren Handelsbeziehungen mit Syrien als Agent vertrat. Mohammed war bekannt für seinen guten Charakter und seinen guten Geschäftssinn. Handel zwischen Mekka und Syrien zu treiben war eine riskante Angelegenheit, da es viel Geschick erforderte, eine Karawane zusammenzuhalten und in Syrien den besten Abschluss zu tätigen.*

I120 *Auf eine dieser Reisen nahm Mohammed Khadijas Sklaven mit. Als sie zurückkehrten, berichtete der Sklave, ein Christ habe gesagt, Mohammed sei dazu bestimmt, ein mächtiger Mann zu werden. Auf der selben Reise gelang es Mohammed, Khadijas Investition zu verdoppeln. Sie machte ihm einen Heiratsantrag. Sie heirateten und hatten sechs Kinder: Zwei Söhne, die bereits als Kinder starben, sowie vier Töchter, die bis ins Erwachsenenalter lebten.*

Mekka als religiöses Zentrum

In Mekka gab es ein steinernes Gebäude in Form eines Würfels, das Kaaba genannt wurde. Die Kaaba war eine religiöse Stätte, die viele Darstellungen verschiedener Stammesgötter enthielt. Wir wissen von mindestens sechs weiteren Steingebäuden in kubischer Form, die ebenfalls Kaaba hießen und sich in anderen arabischen Städten befanden. Der Islam jedoch hält daran fest, die Kaaba in Mekka sei von Abraham erbaut worden, dem Stammvater der Juden.

Die Kaaba war sowohl ein zentraler Ort für religiöse Rituale, als auch eine allgemeine Begegnungsstätte. Einer von Mohammeds Vorfahren namens Qusayy war ein heidnischer Religionsführer. Zu den von Qusayy festgelegten Ritualen gehörten Niederwerfungen, rituelle Gebete sowie das Umkreisen der Kaaba, während man betete und aus dem Brunnen namens Zam Zam trank. Andere Rituale umfassten das Steinewerfen auf Säulen, die den Teufel symbolisierten. Die meisten islamischen Rituale entstammen den Religionen der arabischen Ureinwohner.

Steine spielten in den arabischen Religionen eine wichtige Rolle. Die Kaaba bestand aus Stein und an einer ihrer Ecken war ein berühmter Stein eingebaut – der Schwarze Stein. Vermutlich handelt es sich um einen Meteoriten, der aus mehreren Steinen zusammengesetzt ist. Der Schwarze Stein ist nicht groß, er hat einen Durchmesser von weniger als 20 Zentimetern. Dieser Stein durfte nur mit der rechten Hand berührt werden und wurde von Pilgern geküsst. All diese Rituale der Urbevölkerung wurden in den Islam aufgenommen.

Der Gott Allah scheint ein männlicher Mondgott gewesen zu sein und war vermutlich der Gott der Quraisch, des Stammes Mohammeds. Jeder Stamm hatte seine eigenen Götter. Im Gegensatz zu denen der Griechen oder Römer waren diese Götter ziemlich unorganisiert.

Dies ist die Sunna Mohammeds

MEKKA

Anfänge der Lehrtätigkeit

Kapitel 3

4:13 Dies sind die Schranken Allahs; und den, der Allah und Seinem Gesandten gehorcht, führt Er in Gärten ein, durch die Bäche fließen; darin sollen sie ewig weilen; und das ist die große Glückseligkeit.

I150 *Mohammed pflegte monatelang in den Rückzug zu gehen, um allein zu sein und die Religion der Quraisch auszuüben. Nach seinem Rückzug machte er sich daran, die Kaaba zu umwandeln (er umkreiste sie und betete).*

I152 *Als Vierzigjähriger hatte Mohammed zum ersten Mal Visionen und hörte Stimmen. Seine Visionen wurden ihm zunächst hell wie der Sonnenaufgang während seines Schlafes im Monat Ramadan zuteil. Mohammed sagte, der Engel Gabriel sei mit einem Tuch aus Brokat zu ihm gekommen, auf dem sich Schriftzeichen befanden, und habe ihm zu lesen befohlen. „Was soll ich lesen?" Der Engel drängte ihn und sagte: „Lies." Wieder sagte Mohammed: „Was soll ich lesen?" Der Engel drängte ihn noch mehr und befahl wiederum: „Lies!" Auf Mohammeds Erwiderung „Was soll ich lesen?" antwortete der Engel:*

Koran, Sure 96:1 *Lies im Namen deines Herrn, Der erschuf. Er erschuf den Menschen aus einem Blutklumpen.*

Koran, Sure 96:3 *Lies; denn dein Herr ist Allgütig, Der mit dem Schreibrohr lehrt, lehrt den Menschen, was er nicht wusste.*

T1150 *Seine Frau Khadija schickte Männer nach ihm aus und brachte ihn zurück zum Haus. Er sagte ihr, er habe Angst, wahn-*

sinnig oder zu einem ekstatischen Dichter geworden zu sein, und beides verabscheue er. Sie schickte ihn zu ihrem Vetter, der ein Christ war. Der Vetter sagte zu Mohammed, dass er ein Prophet sei.

I154 *Khadija bat Mohammed, sie das nächste Mal davon zu unterrichten, wenn Gabriel eingetroffen sei. Als er ihr sagte, Gabriel sei eingetroffen, bat sie Mohammed, sich rechts neben sie zu setzen. Sie fragte: „Kannst du Gabriel sehen?" Mohammed sagte „Ja". Dann bat sie ihn, sich links neben sie zu setzen und fragte, ob er Gabriel sehen könne, und Mohammed sagte, ja, das kann er. Dann bat sie Mohammed, sich auf ihren Schoß zu setzen, und fragte, ob Gabriel noch da sei. Mohammed sagte: „Nein." Khadija sagte: „Freu dich, er ist ein Engel, kein Teufel."*

Die erste Bekehrte

I156 *Mohammeds Frau war die erste Bekehrte. Von Anfang an hatte sie ihn ermuntert und ihm geglaubt. Sie wusste, dass er einen guten Charakter hatte und glaubte nicht, dass er getäuscht wurde oder verrückt war.*

Bald hörte er jedoch keine Stimmen mehr und hatte keine Visionen mehr, wurde depressiv und fühlte sich verlassen. Dann setzten seine Visionen wieder ein.

Gebet

I157 *Mohammed begann mit einem neuen Verständnis zu beten. Zunächst warf er sich bei jedem Gebet zweimal nieder. Später verstand er, dass er sich bei jedem Gebet viermal niederwerfen sollte, und zweimal, wenn er auf Reisen war.*

I158 *Dann, als er auf einem Berg war, hatte er eine Vision, in der Gabriel ihm zeigte, wie man rituelle Waschungen zur Reinigung vor dem Gebet durchführte. Er ging nach Hause und zeigte seiner Frau Khadija, dass er nun verstand, wie man die Gebetsrituale ausführte, und sie machte es ihm nach.*

T1162 *Mohammed, seine Frau und sein Neffe Ali begannen an der Kaaba zu beten, wobei sie diese neuen Waschungsrituale und Gebete mit Niederwerfungen verrichteten. Ein Besucher erkundigte sich nach diesen neuen Ritualen, und sie sagten ihm, es handle sich um eine neue Religion mit Mohammed als Prophet.*

Der frühe Islam

Die Vorstellung, einen arabischen Propheten zu haben, war neu. Die Quellen der ursprünglichen Religionen waren unbekannt, doch die neue Religion des Islam hatte einen selbsternannten Propheten. Die Juden hatten Propheten, und nun hatten die Araber auch einen Propheten in Mohammed. Die Religion nannte sich Islam, was Unterwerfung bedeutet. Diejenigen, die sich dem Islam anschlossen, nannte man Muslime, was bedeutet: die, die sich unterworfen haben.

I161 *Ein neues Element kam zu der Religion hinzu: Alle, die die Offenbarungen Mohammeds ablehnten, würden auf ewig bestraft werden. Nur der Islam galt als zulässig.*

I166 *Die Muslime begaben sich an den Stadtrand von Mekka, um zu beten und allein sein zu können. Eines Tages stieß eine Gruppe von Quraisch zu ihnen und verhöhnte sie, worauf es zu einer Auseinandersetzung kam. Saed, ein Muslim, hob den Kieferknochen eines Kamels auf, schlug damit auf einen der Quraisch ein und verwundete ihn. Das Blut, das bei dieser Gewalttat floss, war das erste im Islam vergossene Blut.*

I167 *Als Mohammed zuerst über seine neue Religion sprach, rief dies bei den Mekkanern keine Bedenken hervor. Dann begann Mohammed die alten Religionen zu verdammen.*

I168 *Einige der Quraisch gingen zu Mohammeds Onkel, dem Stammesbeschützer Abu Talib, und sagten zu ihm: „Dein Neffe hat unsere Götter verflucht, unsere Religion beleidigt, sich über unseren Lebensstil lustig gemacht, unsere Zivilisation kritisiert, unsere Tugenden angegriffen, und gesagt, unsere Vorväter seien unwissend gewesen und hätten sich geirrt. Du musst ihn aufhalten oder uns gestatten, dass wir ihn aufhalten. Wir werden ihn für dich verschwinden lassen." Abu Talib gab ihnen eine sanfte Antwort und schickte sie weg.*

I169 *Die Quraisch erkannten, dass ihnen Abu Talib nicht helfen werde. Mohammed predigte weiter den Islam und machte sich über den Lebensstil der Quraisch lustig.*

Der Islam hatte die Stadt Mekka gespalten und den herrschenden und priesterlichen Stamm entzweit.

I170 *Die Situation verschlimmerte sich. Bald herrschte in Mekka offene Feindseligkeit. Es kam zu immer mehr Streitigkeiten, die Diskussionen wurden äußerst hitzig. Völlige Zwietracht beherrschte die Stadt. Der Stamm begann die jüngst bekehrten Muslime zu belästigen, doch Mohammeds Onkel Abu Talib war ein respektierter Ältester, dem es gelang, sie vor echtem Schaden zu bewahren.*

Der Koran gibt ihre Streitgespräche in so präzisen Details und direkten Zitaten wider, dass man – wäre man ein Mekkaner jener Tage – die Personen mühelos identifizieren könnte.

Koran, Sure 111:1 *Zugrunde gehen sollen die Hände Abu Lahabs [Mohammeds Onkel und einer seiner Gegner]! Und (auch er selbst) soll zugrunde gehen! Nichts soll ihm sein Vermögen nützen, noch das, was er erworben hat; er wird in einem flammenden Feuer brennen, und seine Frau wird das Brennholz tragen. Um ihren Hals ist ein Strick aus Palmfasern.*

I178 *Zu Mohammeds Glück konnten die Araber von Medina sich für die Botschaft des Islam begeistern. Da die Hälfte der Stadt aus Juden bestand, waren die Araber Medinas an die Vorstellung von einem einzigen Gott gewöhnt.*

Dies ist die Sunna Mohammeds

Öffentliche Lehrtätigkeit

Kapitel 4

3:32 Sprich: „Gehorcht Allah und dem Gesandten!" Und wenn sie sich abwenden, so liebt Allah die Ungläubigen nicht.

Zunächst erzählte Mohammed nur engen Freunden und Verwandten von seiner Botschaft. Danach begann er mehr und mehr in der Öffentlichkeit zu predigen. Der Koran verdammt alle, die mit Mohammed streiten, denn gegen den Islam zu streiten bedeutet ein Feind Allahs zu sein. Der Koran liefert einen genauen Bericht über die Argumente von Mohammeds Gegnern.

Die Mekkaner argumentierten mit der Frage: Wenn der allwissende Gott des Universums wirklich der Autor des Korans war, wieso überlieferte er den Koran nicht im Ganzen sondern in kleinen Happen?

Mohammed predigte weiter vom Jüngsten Tag, dem Paradies und der Hölle:

> **Koran, Sure 43:68** *„O Meine Diener, keine Furcht soll euch an diesem Tage bedrücken, noch sollt ihr traurig sein; ihr, die ihr an Unsere Zeichen glaubtet und (Uns) ergeben wart. Tretet in das Paradies ein, ihr und eure Gattinnen, (und seid) glückselig!" Schüsseln aus Gold und Becher werden unter ihnen kreisen, und darin wird alles sein, was die Herzen begehren und (woran) die Augen sich ergötzen - „Und ewig werdet ihr darin verweilen. Und dies ist das Paradies, zu dessen Erben ihr berufen wurdet um dessentwillen, was ihr zu tun pflegtet. Darin gibt es für euch Früchte in Mengen, von denen ihr essen könnt."*

> **Koran, Sure 43:74** *Wahrlich, die Sünder werden ewig in der Strafe der Gahannam [der Hölle] verharren; sie wird für sie nicht*

gemildert werden, und sie werden in ihr von Verzweiflung erfasst werden. Nicht Wir taten ihnen Unrecht, sondern sie selbst taten (sich) Unrecht. Und sie werden rufen: "O Malik [ein Engel, der als Wächter der Hölle gilt], lass deinen Herrn ein Ende mit uns machen!" Er wird sprechen: "Ihr müsst bleiben." Wir brachten euch gewiss die Wahrheit; jedoch die meisten von euch verabscheuten die Wahrheit.

Koran, Sure 43:79 *Oder haben sie sich für einen Plan entschlossen? Nun, auch Wir haben Uns entschlossen. Oder haben sie sich für einen Plan entschlossen? Nun, auch Wir haben Uns entschlossen. Oder meinen sie etwa, dass Wir nicht hören, was sie geheimhalten und was sie besprechen? Doch, und Unsere Boten bei ihnen schreiben es auf.*

I183 *Mohammed predigte weiterhin die Herrlichkeit Allahs und verdammte die Religion der Quraisch. Er sagte ihnen, ihre Art zu leben sei die falsche, und ihre Ahnen würden in der Hölle brennen. Er verfluchte ihre Götter, schmähte ihre Religion und spaltete die Gemeinschaft, indem er einen Stammesangehörigen gegen den anderen aufbrachte. Die Quraisch empfanden das als unerträglich. Sie waren stets den Weg der Toleranz gegangen. Es gab viele Clans, viele Götter, viele Religionen. Jede andere Religion wurde gebilligt; warum setzte Mohammed die anderen Religionen herab?*

Weitere Streitgespräche mit den Mekkanern

I188, I189 *Eine weitere Gruppe von Mekkanern ließ Mohammed kommen, damit sie diese schmerzliche Spaltung der Stämme vielleicht beilegen konnte. Sie gingen den ausgetretenen Pfad, und wiederum lehnte Mohammed das Geld und die Macht ab, die sie ihm boten. Er sagte, sie müssten sich entscheiden, ob sie in der nächsten Welt leiden wollten oder nicht, und er allein hätte die*

Lösung. Falls sie ihn und seine Botschaft zurückweisen würden, würde Allah sie sich vornehmen. Einer der Quraisch sagte: „Nun, wenn er im Namen des wahren Gottes spricht und ihn vertritt, dann könnte sein Allah vielleicht etwas für sie tun."

„Dieses Land ist trocken. Soll doch sein Allah ihnen einen Fluss in die Gegend von Mekka schicken."

„Sie leben alle an den Bergen zusammengedrängt. Soll doch sein Allah etwas Platz schaffen, indem er die Berge nach hinten versetzt."

„Unsere besten Stammesmitglieder sind tot. Soll sein Allah sie doch wieder zum Leben erwecken, und soll er vor allem den besten Führer ihres Stammes, Qusayy, zu ihnen zurückbringen. Wir werden Qusayy fragen, ob du die Wahrheit sprichst oder nicht."

I189 *Mohammed sagte, er sei als Botschafter gekommen, aber nicht, um solche Werke zu vollbringen. Sie könnten seine Botschaft entweder annehmen oder zurückweisen und damit den Verlust in Kauf nehmen. Da sagte einer von ihnen: „Wenn du deinen Allah nicht bemühen willst, uns zu helfen, dann bemühe ihn doch, damit er dir selbst hilft. Schicke einen Engel zu deiner Bestätigung, der uns beweist, dass wir uns irren. Solange der Engel anwesend ist, soll er für dich einen Garten und ein schönes Heim bereiten und dich mit allem Gold und Silber beschenken, das du brauchst. Wenn du das tust, werden wir wissen, dass du ein Vertreter Allahs bist und wir uns irren." Die Quraisch forderten Wunder als Beweis.*

I189 *Mohammed vollbrachte keine Wunder, denn solche Dinge waren es nicht, mit denen Allah ihn beauftragt hatte.*

I189 *Da sagte einer der Quraisch: „Dann lass doch den Himmel auf uns herabfallen und in Stücke brechen, denn du sagst, dein Herr könne das tun. Tust du es nicht, so werden wir nicht glauben." Mohammed sagte, Allah könnte dies tun, wenn Allah es wollte, und er könnte es lassen, wenn er es nicht wollte."*

I189 *Dann sagten sie: „Wusste dein Herr denn nicht, dass wir dir diese Fragen stellen würden? Dann hätte dein Herr ein paar bessere Antworten zurechtlegen können. Und dein Herr hätte dir mitteilen können, was du zu uns sagen sollst, wenn wir nicht glauben. Wir haben gehört, du empfängst diesen Koran von einem Mann aus einer anderen Stadt namens Al Rahman. Wir glauben nicht an Al Rahman. Unser Gewissen ist rein. Entweder wir müssen dich vernichten, oder du musst uns vernichten. Hol deine Engel, und wir werden ihnen glauben."*

I191 *Mohammed ging zur Kaaba und erzählte den Mekkanern, was für schreckliche Strafen Allah anderen im Laufe der Geschichte geschickt habe, die ihren Propheten nicht geglaubt hatten. Dies war von nun an eine seiner ständigen Drohungen. Allah hatte andere wie sie vernichtet, die Männern wie Mohammed nicht glauben wollten.*

I206 *Einige der ersten Muslime waren Sklaven, und die Mekkaner bestraften sie, wann sie nur konnten. Abu Bakr war ein wohlhabender Mann, und er kaufte und befreite sechs muslimische Sklaven, damit sie nicht mehr bestraft wurden.*

Dies ist die Sunna Mohammeds

Anstrengung

Kapitel 5

8:20 O ihr, die ihr glaubt, gehorcht Allah und Seinem Gesandten, und wendet euch nicht von ihm ab während ihr zuhört. Und seid nicht wie jene, die sagen: „Wir hören", und doch nicht hören.

I126 *Umars Schwester und ihr Ehemann bekehrten sich zum Islam, doch Umar selbst hasste den Islam zu jener Zeit. Er schnallte sich sein Schwert um und machte sich auf, um Mohammed zu suchen. Einer seiner Freunde sah ihn und sagte zu ihm, er solle sich erst seine eigene Familie vornehmen. Wisse Umar denn nicht, dass seine Schwester und ihr Ehemann sich zum Islam bekehrt hätten? Er ging zu ihrem Haus, und als er dort hinkam, konnte er hören, wie gerade ein Vers aus dem Koran zitiert wurde. Umar stürmte hinein und verlangte, mehr über den „Müll" zu erfahren, den er da gehört habe. Er klagte seine Schwester an, eine Muslima zu sein, und schlug sie. Als sie weinte, wurde sein Herz weich. Umar las die Koranverse und kam zu der Überzeugung, dass Mohammed Recht hatte, und er ging zu Mohammed und bekehrte sich zum Islam.*

I231 *Mit Umars Bekehrung gewann der Islam an Stärke, und die Mekkaner beschlossen einen Boykott, um Mohammed auf gewaltlose Art unter Druck zu setzen. Also schlugen die Quraisch in der Kaaba eine Mitteilung an, dass kein Mekkaner eine muslimische Frau heiraten oder Muslimen Lebensmittel verkaufen sollte.*

I239 *Einige Mekkaner gingen auf Mohammed zu und sagten: „Lass uns anbeten, was du anbetest. Danach betest du an, was wir anbeten. Wenn das, was du anbetest, besser ist als das, was wir anbeten, dann werden wir Teile deiner Anbetung annehmen. Und wenn das, was wir anbeten, besser ist, kannst du Teile davon annehmen."*

DIE SATANISCHEN VERSE

T1192[4] *Mohammed dachte ständig darüber nach, mit welchen Mitteln er sämtliche Mekkaner davon überzeugen könnte, den Islam anzunehmen. Er kam auf die Idee, dass die drei Götter der Quraisch bei Allah Fürbitten leisten könnten. Mohammed sagte: „Dies sind die erhabenen, hochfliegenden Kraniche, deren Vermittlung genehmigt ist." Die Mekkaner freuten sich und waren glücklich. Als Mohammed den Gebetsdienst vor der Kaaba leitete, nahmen alle Mekkaner, Muslime und Kuffar teil. Die Quraisch verweilten nach dem Gemeinschaftsgebet noch eine Weile und stellten fest, wie glücklich sie seien. Der Stamm war in der Anbetung vereint worden. Dann sagte Mohammed, er sei von Satan getäuscht worden. Es gebe keine Brücke zwischen dem Islam und der Religion der Mekkaner. Dieser Rückzieher Mohammeds verschlechterte die Beziehungen zwischen dem Islam und den Mekkanern mehr als je zuvor.*

DES DICHTERS UNTERWERFUNG

I252 *Al Dausi war in Arabien ein recht angesehener Dichter. Als er Mekka besuchte, ging er in die Moschee und hörte Mohammed predigen. Was er hörte, gefiel ihm, und so folgte er Mohammed nach Hause. Sie unterhielten sich einige Zeit, und Al Dausi beschloss, sich zum Islam zu bekehren.*

4 Die T Referenzen beziehen sich auf Al Tabaris **History of Prophets and Kings**.

I253 *Dann betrat er sein Haus und sagte zu seiner Frau: „Verlass mich, ich will nichts mit dir zu tun haben." Sie schrie: „Warum?" Al Dausi sagte: „Der Islam hat uns voneinander getrennt, und ich folge von nun an Mohammed." Sie antwortete: „Dann sei deine Religion auch meine Religion." Daraufhin unterrichtete er sie im Islam.*

Der Koran ermahnt beständig, wen ein Muslim sich zum Freund wählen sollte:

Koran, Sure 4:144 *O ihr, die ihr glaubt, nehmt euch keine Ungläubigen zu Beschützern anstelle der Gläubigen. Wollt ihr Allah offenkundige Beweise gegen euch selbst liefern?*

I260 *Es gab einen Christen in Mekka, der Mohammeds Interesse erregte. Er war ein christlicher Sklave, der auf dem Marktplatz einen Stand betrieb. Mohammed ging dorthin und sprach ausführlich mit ihm. Das bewog die Quraisch zu der Behauptung, alles was im Koran stehe, stamme von dem christlichen Sklaven.*

Die Nachtreise

I264 *Eines Nachts, während er schlief, so berichtete Mohammed, habe der Engel ihn mit seinem Fuß angestoßen. Mohammed erwachte. Sie gingen zur Tür hinaus und sahen ein weißes Tier, zur Hälfte Maultier und zur Hälfte Esel. Es hatte Flügel an den Hufen und konnte sich mit nur einem Schritt bis zum Horizont bewegen. Gabriel ließ Mohammed auf das weiße Tier aufsteigen, und sie begaben sich nach Jerusalem, zur Tempelstätte.*

I264 *Dort am Tempel waren Jesus, Abraham, Moses und weitere Propheten. Unter Mohammeds Leitung beteten sie. Gabriel brachte Mohammed zwei Schüsseln. Eine war mit Wein gefüllt, die andere mit Milch. Mohammed nahm die Schüssel mit Milch und trank sie leer. Das war die richtige Wahl.*

I265 *Aisha, Mohammeds Lieblingsfrau, pflegte zu sagen, Mohammed habe in jener Nacht sein Bett nicht verlassen, sein Geist jedoch sei umhergeschwebt. Als Mohammed nach Mekka in die Stadt ging, um die Geschichte von seiner Nachtreise zu erzählen, schickte ihm die Besitzerin des Hauses, in dem er geschlafen hatte, ihren schwarzen Sklaven hinterher, um zu erfahren, wie die Mekkaner auf diese Geschichte reagieren würden.*

I266 *Mohammed berichtete, Abraham habe genau wie er ausgesehen. Moses sei ein rotgesichtiger Mann gewesen, groß, mager und mit gelocktem Haar. Jesus habe helle Haut mit einem rötlichen Teint, Sommersprossen sowie glattes, strähniges Haar gehabt.*

I269 *Danach sah er Frauen mit herabhängenden Brüsten. Diese Frauen hatten ihren Männern Bastarde geschenkt. Mohammed sagte, Allah hasse Frauen, die Bastarde zur Welt bringen. Sie nehmen den wahren Söhnen ihre Anteile weg und würden die Geheimnisse des Harems erfahren.*

I270 *Abraham führte Mohammed ins Paradies, und dort war eine wunderschöne Frau mit roten Lippen. Mohammed fragte, wem sie gehöre, denn sie erschien ihm sehr anziehend. Sie gehörte Zaid. Als Mohammed zurückkehrte, berichtete er Zaid davon.*

I272 *Mohammed predigte weiterhin den Islam und verdammte die alten arabischen Religionen. Es gab Leute bei den Quraisch, die ihre Kultur und Religion verteidigten und mit ihm stritten. Mohammed nannte sie Spötter und verfluchte einen von ihnen: „Oh Allah, lass ihn erblinden und töte seinen Sohn."*

Im Koran sind die wahren Worte von Mohammeds Gegnern aufgezeichnet:

Koran, Sure 41:26 *Und die Ungläubigen sagten: „Hört nicht auf diesen Qur'an, sondern fügt von euren Worten (etwas hinzu), damit ihr die Oberhand behaltet." Aber gewiss werden Wir den*

Ungläubigen eine strenge Strafe zu kosten geben, und gewiss werden Wir ihnen ihre schlimmsten Taten vergelten. Das ist der Lohn der Feinde Allahs: das Feuer. Darin wird ihnen die Wohnstatt der Ewigkeit zuteil sein - als Vergeltung dafür, dass sie Unseren Zeichen gegenüber undankbar waren.

I272 *Eines Tages stand Mohammed zusammen mit dem Engel Gabriel dabei, während die Quraisch die Rituale ihrer Religion ausführten. Unter ihnen waren auch die Führer, die ihre ursprüngliche Kultur und Religion verteidigten und sich gegen Mohammed auflehnten. Als der erste Führer an Gabriel vorbeiging, warf Gabriel ihm ein Blatt ins Gesicht, so dass er erblindete. Beim zweiten sorgte Gabriel dafür, dass er die Wassersucht bekam und daran starb. Dem dritten schickte Gabriel eine Infektion, die ihn tötete. Der vierte Mann sollte später auf einen Dorn treten, der ihn tötete. Den letzten Mann, der sich weigerte, Allah zu verehren, ließ Gabriel an einer Hirnkrankheit sterben.*

Mohammeds Frau und sein Beschützer sterben

I278 *Mohammeds Beschützer war sein Onkel Abu Talib. Als Abu Talib krank wurde, traten einige der Führer der Quraisch an sein Bett. Sie sagten zu ihm: „Bitte sorge für einen Kompromiss zwischen Mohammed und uns."*

I278 *Also rief Abu Talib Mohammed zu sich. „Neffe, diese Männer sind gekommen, damit du ihnen etwas schenken kannst und damit sie dir etwas schenken können." Mohammed sagte: „Wenn sie mir nur ein Wort schenken, können sie die Perser und Araber beherrschen, aber sie müssen Allah als ihren Herrn anerkennen und ihren Göttern abschwören."*

I278 *Mohammed richtete seine Aufmerksamkeit auf seinen sterbenden Onkel. Er bat ihn, ein Muslim zu werden, dann könne Mohammed für ihn am Jüngsten Tag Fürsprache einlegen. Sein Onkel starb als Kafir.*

Abu Talib hatte den Waisen Mohammed bei sich aufgenommen und großgezogen. Er nahm ihn mit auf den Reisen seiner Handelskarawane nach Syrien mit und lehrte ihn, ein Geschäftsmann zu werden. Abu Talib war der Chef des Clans, der Mohammeds Leben beschützte, als das restliche Mekka ihm Schaden zufügen wollte. Abu Talib war Mohammeds Leben und seine Sicherheit, aber er wurde zur Hölle verdammt.

Nach Abu Talibs Tod wuchs der Druck auf Mohammed. Es kam dazu, dass einer der Quraisch ihn mit Schmutz bewarf. Das war das Schlimmste, was geschah. Der Tod seiner Frau Khadija hatte keine politischen Auswirkungen, für Mohammed jedoch war es ein Schlag. Seine Frau war seine wichtigste Vertrauensperson gewesen, die ihm auch Trost spendete.

Eheschliessung

> **M113**[5] *Etwa drei Monate nach Khadijas Tod heiratete Mohammed Sauda, eine Witwe und Muslima.*
>
> **M113** *Abu Bakr hatte eine Tochter namens Aisha, die zu diesem Zeitpunkt sechs Jahre alt war. Kurz nach seiner Heirat mit Sauda wurde Mohammed mit Aisha verlobt, die zu seiner Lieblingsfrau werden sollte. Zum Vollzug der Ehe kam es erst, als sie neun war.*
>
> **M031,5977**[6] *Aisha berichtete, Mohammed habe gesagt: Ich sah dich drei Nächte hintereinander im Traum. Ein Engel brachte dich zu mir in seidenem Gewand und sagte: Hier ist dein Weib, und als ich (den Schleier) von deinem Gesicht hob, siehe, warst du es selbst, also sagte ich: Wenn dies von Allah ist, so lasst es Ihn ausführen.*
>
> **I279** *Nach Abu Talibs Tod brauchte Mohammed politische Verbündete. Mohammed reiste mit einem Diener in die Stadt Taif, etwa fünfzig Meilen entfernt. In Taif traf er sich mit drei Brüdern, die über politische Macht verfügten. Mohammed rief sie an, sich zum*

5 Die M Referenzen beziehen sich auf Seiten in Sir William Muir‘s **The Life of Muhammad**.

6 Eine M Referenz mit Komma bezieht sich auf Muslim‘s Hadith, **Sahih Muslim**.

Islam zu bekehren, und bat sie, ihm bei seinen Kämpfen gegen die zu helfen, die ihre ursprünglichen Religionen verteidigten.

Seine Reise war ein Reinfall und er kehrte nach Mekka zurück.

Die Anfänge von Macht und Dschihad in Medina

Medina war eine Zehntagesreise von Mekka entfernt, doch schon seit jeher kamen die Medinenser nach Mekka zu den Märkten. Medina war zur Hälfte jüdisch, zur Hälfte arabisch, und zwischen beiden Seiten bestanden fortwährend Spannungen. Die Juden arbeiteten als Bauern und Handwerker und waren gebildet. Sie waren die vermögende Klasse, doch ihre Macht schwand allmählich. In früherer Zeit hatten die Araber sie überfallen und bestohlen, und die Juden hatten es ihnen heimgezahlt, indem sie sagten, eines Tages werde ein Prophet kommen, der sie über die Araber siegen lassen werde. Ungeachtet der Spannungen war der arabische Stamm der Khazraj mit den Juden verbündet.

I294 *Zum nächsten Markt kamen viele der neuen Muslime aus Medina nach Mekka. Im Laufe des ersten Teils der Nacht verließen siebzig von ihnen die Karawane, um Mohammed zu treffen. Er trug aus dem Koran vor und sagte: „Ich lade euch ein, mir Gefolgschaft zu leisten, indem ihr mich beschützt wie ihr eure eigenen Kinder beschützen würdet." Die Medinenser leisteten ihren Eid. Nach dem Eid fragte einer von ihnen nach den nunmehr gelösten Verbindungen zu den Juden Medinas. Wenn sie Mohammed mit der Waffe beistanden und erfolgreich waren, würde er dann nach Mekka zurückkehren? Mohammed lächelte und sagte: „Nein, Blut ist Blut, und Blut, für das nicht bezahlt werden soll, ist Blut, für das nicht bezahlt werden soll." Blutrache und deren Verpflichtung waren ihnen vertraut. „Ich werde Krieg führen gegen die, die gegen euch sind, und Frieden bewahren mit denen, die mit euch in Frieden sind."*

I312 *Eine der beiden Frauen, die ihren Gefolgschaftseid geleistet hatten, hieß Nusayba. Sie nahm an der Schlacht von Yamama teil und wurde zwölfmal verwundet.*

I299 *Einer der Medinenser sagte zu denen, die ihr Versprechen gegeben hatten: „Ist euch klar, wozu ihr euch verpflichtet, indem ihr diesem Mann euer Versprechen gebt? Es bedeutet Krieg gegen alle. Wenn ihr glaubt, ihr werdet euch von ihm abwenden, wenn ihr euren Besitz verloren habt und die Besten unter euch getötet wurden, dann tut es lieber gleich. Wenn ihr aber glaubt, dass ihr eurem Eid auch dann treu bleiben werdet, wenn ihr euren Besitz verloren habt und die Besten unter euch getötet wurden, dann nehmt ihn an, denn es wird euch jetzt und im Paradies nützlich sein." Sie fragten, was sie für ihren Eid bekommen würden, und Mohammed versprach ihnen das Paradies. Sie schüttelten sich zu diesem Abkommen die Hände.*

ZURÜCK IN MEDINA

I304 *Zurück in Medina, praktizierten die Muslime ihre neue Religion nun öffentlich. Die meisten Araber jedoch hielten an ihren alten Stammesreligionen fest. Die Muslime entweihten die alten Schreine und Ritualgegenstände. Sie brachen sogar in Häuser ein, stahlen Ritualgegenstände und warfen sie in die Latrinen. Bei einer Gelegenheit töteten sie einen Hund, banden seinen Körper an einen Ritualgegenstand und warfen ihn in die Latrine.*

MIGRATION

I314 *Die Muslime aus Medina hatten versprochen, Mohammed im Krieg zu unterstützen und den Muslimen von Mekka zu helfen. Die Muslime verließen Mekka und zogen nach Medina. Die Muslime aus Mekka wie auch aus Medina standen davor, geprüft zu werden.*

Dies ist die Sunna Mohammeds

Medina

Die Schlacht von Badr

Kapitel 6

64:12 Und gehorcht Allah und gehorcht dem Gesandten. Doch wenn ihr euch (von ihm) abkehrt, dann obliegt Unserem Gesandten nur die Pflicht zur deutlichen Verkündigung. Allah! Es ist kein Gott außer Ihm; und auf Allah sollen die Gläubigen vertrauen.

Mohammed war einer der letzten, die Mekka verließen, um nach Medina zu ziehen. In Medina erbaute er die erste Moschee. Es gab in Medina nun zwei Arten von Muslimen: Die muslimischen Einwohner Medinas nannte man die Helfer, die Neuankömmlinge bezeichnete man als die Einwanderer.

> **I335** *Ali zog drei Tage später als Mohammed nach Medina. Auf seinem Weg dorthin verbrachte er zwei Nächte in einer Stadt. Ihm fiel auf, dass jede Nacht ein Mann an die Tür einer unverheirateten Muslima kam. Ali befragte sie deswegen. Sie erklärte ihm, der Mann bringe gestohlene Ritualgegenstände der Kuffar zu ihr, und sie würden sie verbrennen.*

Das Abkommen

Mohammed arbeitete eine politische Satzung aus, in der auch die Grundlagen des Kriegs enthalten waren. Die Juden tauchten in der Satzung als Verbündete der Muslime auf. Mohammed sollte als Vermittler in Streitfragen dienen.

Heirat

> **M177** *Etwa sieben Monate nach seiner Ankunft in Medina nahm sich der 53-jährige Mohammed die inzwischen neunjährige Aisha offiziell zur Frau. Sie zog vom Haus ihres Vaters in einen gerade*

entstehenden Wohnkomplex, der an die Moschee angrenzte. Man erlaubte ihr, aufgrund ihres Alters ihre Puppen mit in den Harem zu nehmen.

Die Juden

In Mekka hatte Mohammed die Gemeinschaft in Muslime und solche, die ihre ursprünglichen arabischen Religionen praktizierten gespalten. In Mekka übernahm er all die klassischen jüdischen Geschichten zum Beweis für seine Prophezeiungen und redete gut von den Juden. Allerdings gab es in Mekka fast keine Juden, so dass es auch zu keinen Differenzen mit ihnen kommen konnte.

In Medina hingegen waren die Hälfte der Einwohner Juden, die Mohammed deutlich machten, dass sie mit ihm nicht einer Meinung waren. So stritt Mohammed in Medina sowohl mit den Juden als auch mit den arabischen Kuffar. Und obwohl es in der Stadt nur sehr wenige Christen gab, stritt Mohammed auch mit ihnen. In Medina wurden sämtliche Kuffar verbal attackiert.

I415 *Dreizehn Jahre nachdem er zu predigen begonnen hatte, und ein Jahr nachdem er nach Medina übergesiedelt war, begann Mohammed sich für den Krieg vorzubereiten, wie von Allah befohlen. Er würde gegen seine Feinde kämpfen: die Kuffar.*

Die ersten Überfälle

I416-I423 *Mohammed sandte seine Kämpfer zu sieben bewaffneten Überfällen aus, um eine Handelskarawane zu finden, die in Richtung Mekka unterwegs war.*

Bei ihrem achten Versuch fanden die Dschihadisten die Karawane. Einen Mann töteten sie, die anderen nahmen sie gefangen. Die Beute und die Gefangenen wurden zurück nach Medina gebracht. Es gab nur ein kleines Problem. Sie hatten jemanden in einem heiligen Monat des Friedens überfallen und getötet. Das verstieß gegen arabischen Brauch.

Im Koran stand jedoch, die Tötung von Kuffar während der heiligen Monate sei ein Akt der Moral. Der Widerstand der Mekkaner gegen den Islam war eine Beleidigung Allahs, was die Tötung rechtfertigte.

Badr – Der Kampf für Allahs Sache

Die nächste mekkanische Karawane war groß. Als die Mekkaner spitzbekamen, dass die Muslime angreifen würden, sandten sie eine kleine Armee zum Schutz aus. Mohammed schickte seine Männer los, um entweder die Karawane anzugreifen oder um gegen die schützende Armee zu kämpfen.

> **I433** *Mohammed und seine Männer machten sich aus Medina auf, um eine der – wie sich später zeigen sollte – wichtigsten Schlachten der Geschichte zu schlagen; eine Schlacht, die die Welt für immer verändern würde.*
>
> **I435** *Mohammed war in Jubelstimmung. „Ich sehe den Feind tot am Boden liegen", sagte er. Sie zogen Richtung Badr und schlugen dort für die Nacht ihr Lager auf. Er sandte mehrere Späher zum Brunnen nach Badr, und die Späher fanden zwei Sklaven mit Wasserkamelen. Sie waren sich sicher, dass diese Leute von der Karawane stammten und brachten sie zu Mohammed. Zwei von Mohammeds Männern fragten sie aus, während Mohammed ganz in der Nähe betete. Mohammed wollte wissen, welche Gruppe sie ansteuerten – die Quraische Karawane oder die Armee unter Abu Sufyan. Die Männer antworteten, sie würden zu den Quraisch gehören. Während Mohammed betete, begannen seine Männer, die gefangenen Sklaven zu schlagen und zu foltern.*
>
> **I436** *Mohammed sagte zu seinen Männern, die Sklaven hätten die Wahrheit gesprochen, bis sie begonnen hätten, sie zu schlagen und zu foltern. Daraufhin hätten die Sklaven zu lügen begonnen, doch genau diese Lügen waren es, die die Muslime hören wollten. Mohammed fragte, wie viele von der mekkanischen Armee da seien*

und wer ihre Anführer seien. Als sie ihm antworteten, war er sehr erfreut und sagte zu seinen Kriegern, Mekka hätte seine besten Männer ausgeschickt, um niedergemetzelt zu werden.

I440-I444 *Die Mekkaner marschierten bei Tagesanbruch weiter. Die Schlacht begann.*

I445 *Pfeile flogen, und einer der Muslime wurde getötet. Mohammed sprach zu seiner Armee. „Bei Allah, jeder Mann, der heute sein Leben lässt, während er voll Mut nach vorne geht und kämpft und nicht zurückweicht, wird ins Paradies kommen." Einer seiner Männer, der Datteln gegessen hatte, sagte: „Du meinst, es steht nichts zwischen mir und dem Paradies, außer von den Quraisch getötet zu werden?" Er warf die Datteln zur Seite, hob sein Schwert auf und zog hinaus in den Kampf. Sein Wunsch wurde ihm gewährt – er wurde getötet.*

I452 *Die Schlacht lief gut für die zahlenmäßig unterlegenen Muslime. Nach der Schlacht brachte ein Dschihadist Mohammed den Kopf seines Feindes Abu Jahl. Er sagte: „Hier ist der Kopf des Feindes Allahs" und warf ihn Mohammed zu Füßen. Der Prophet sagte: „Lobpreis sei Allah."*

I455 *Als die Leichen zu einem Brunnen geschleppt wurden, sah einer der Muslime, wie der Leichnam seines toten Vaters hineingeworfen wurde. Er sagte: „Mein Vater war ein tugendhafter, weiser, freundlicher und kultivierter Mann. Ich hatte gehofft, er würde ein Muslim werden. Er starb als Kafir. Seine Wohnstatt wird für immer das Höllenfeuer sein."*

Vor dem Islam war die Tötung von Verwandten und Stammesbrüdern seit Anbeginn der Zeit verboten. Nach dem Islam tötete ein Bruder seinen Bruder und töteten Söhne ihre Väter, wenn sie für Allahs Sache kämpften – beim Dschihad.

I454 *Die Leichen der Quraisch wurden in einen Brunnen geworfen. Der Apostel Allahs lehnte über dem Brunnen und schrie die Leichen an: „Oh Leute des Brunnens, habt ihr gefunden, wofür Allah sich verbürgt hatte?" Die Muslime waren von seiner Frage verwirrt. Mohammed erklärte, dass die Toten ihn hören könnten.*

I459 *Sie machten sich mit der Kriegsbeute und den Gefangenen, die freigekauft werden sollten, auf nach Medina. Doch einen, der Mohammed widersprochen hatte, nahmen sie nicht mit. Er wurde, bevor man ihn töten wollte, vor den Propheten gebracht, doch bevor das Schwert traf, fragte er: „Wer wird für meine Familie sorgen?"*

M230 *Der Prophet antwortete: „Die Hölle!" Nachdem er tot umgefallen war, sagte Mohammed: „Ungläubiger, der du nicht an Allah und seinen Propheten und sein Buch glaubst! Ich danke Allah für den, der dich getötet und meine Augen befriedigt hat."*

I481 *Nach dem Krieg und dem Triumph musste die Kriegsbeute aufgeteilt werden. Ein Fünftel ging an den Apostel, Allahs Propheten.*

Die Affäre um Mohammeds Tochter

I465 *Unter den Gefangenen befand sich auch Mohammeds Schwiegersohn Abul-As, der außerdem der Neffe von Mohammeds Frau Khadija war. Tatsache ist, dass Khadija Mohammed gebeten hatte, eine Frau für ihren Neffen auszusuchen, und es war Mohammed, der eine Ehe mit seiner Tochter Zaynab vorgeschlagen hatte. Dies war, bevor Mohammed zum Propheten wurde, und er hatte sich Khadija zu jener Zeit nie widersetzt. Als Mohammed nach Medina ging, hatten die Mekkaner versucht, Abul-As zu einer Scheidung von Mohammeds Tochter zu bewegen, er jedoch weigerte sich. Obwohl Abul-As selbst nie Muslim geworden war, konnte Mohammed ihn gut leiden.*

1465 *Es gab jedoch einen weiteren Mekkaner, namens Utba, der Mohammeds zweite Tochter geheiratet hatte. Als die Mekkaner versuchten, ihn zu einer Scheidung von Mohammeds Tochter zu bewegen, war Utba dazu bereit, unter der Bedingung, zwischen zwei Frauen auswählen zu dürfen. Sie waren einverstanden, und Utba ließ sich von Mohammeds Tochter scheiden.*

1466 *Abul-As wurde in Badr gefangengenommen. Seine Frau schickte das Geld für seinen Freikauf und fügte eine Halskette bei, die Mohammeds Frau Khadija ihr zum Hochzeitstag geschenkt hatte. Als Mohammed die Halskette sah, erweichte sein Herz, und er bat die Geiselnehmer, auf das Lösegeld zu verzichten und Abul-As seiner Tochter zurückzugeben. Sie waren einverstanden.*

1467 *Mohammed stellte die Bedingung, dass man seiner Tochter Zaynab erlaubte, zu ihm zu kommen. Als Abul-As also nach Mekka zurückkehrte, bat er Zaynab, nach Medina zu gehen und Mohammed aufzusuchen. Sie machte sich bereit und brach zusammen mit ihrem Schwager auf einem Kamel auf. Die Mekkaner beschlossen, ihnen nachzujagen und fingen sie auf der Straße ab. Einer der Mekkaner trat mit seinem Speer auf sie zu und bedrohte sie. Die Geschichte ist vage, möglicherweise war sie schwanger, und die Panik löste bei ihr eine Fehlgeburt aus. Ihr Schwager zückte seinen Bogen und drohte, sämtliche Mekkaner zu töten.*

1467 *Der Anführer der Mekkaner bat ihn, seinen Bogen zu lockern und stattdessen zu reden. Er sagte: „Schau, wir sind soeben von Mohammed gedemütigt worden, und nun bringst du ihm in aller Öffentlichkeit seine Tochter. Komm zurück nach Mekka und warte, bis der Zorn verraucht ist, dann gehe still von dannen." Und genau das taten sie. Später holte er sie mitten in der Nacht.*

1469 *Später, als Mohammed Angreifer losschickte, erklärte er ihnen, falls sie einen der beiden Männer finden würden, die seine*

Tochter bedroht hatten, sollten sie sie verbrennen. Später befahl er ihnen, sie nicht zu verbrennen, denn diese Bestrafung stünde nur Allah zu. Sie sollten sie stattdessen nur töten.

I470 *Zaynab lebte weiterhin in Medina, während Abul-As in Mekka lebte. Abul-As leitete eine Handelsexpedition nach Syrien. Mohammeds Krieger überfielen die Karawane und erbeuteten sämtliche Güter, während Abul-As nach Medina floh, wo er sich bei Zaynab versteckte. Mohammed war damit einverstanden, dass ihm nichts geschehen solle, dass er und Zaynab aber keinen Sex mehr haben durften, da sie eine Muslima war.*

I470 *Dann ging Mohammed zu den Kriegern, die Abul-As' Besitz an sich genommen hatten und bat sie, alles zurückzugeben, was sie auch taten. Daraufhin bekehrte Abul-As sich zum Islam. Er und Zaynab galten nun wieder als verheiratet.*

Der Überfall auf den Stamm von B. Sulaym

I540-I543, T1365 *Sieben Tage nach Mohammeds Rückkehr von Badr kam es zu vier weiteren bewaffneten Überfällen, jedoch zu keinem Kontakt mit dem Feind, den Kuffar.*

Mohammed war zu politischer Macht gelangt, wie es sie nie zuvor in der Geschichte gegeben hatte. Die Verschmelzung von Religion und Politik mit Hilfe eines allumfassenden Mandats sorgte für eine permanente historische Macht. Gläubige Muslime werden nicht eher ruhen, bis die ganze Welt dem Islam angehört. Die Kriegsbeuten werden die islamische Welt versorgen. Die Ehrfurcht vor Mohammed ist die Furcht vor Allah.

B1,7,331 *Der Prophet sagte: „Fünf Dinge sind mir gegeben, die vor mir niemandem gegeben wurden.*

1. Allah machte mich siegreich auf Grund meiner Ehrfurcht und weil er meine Feinde eine Monatsreise weit auf Abstand hielt.

2. Die Erde wurde für mich und meine Anhänger als Ort zum Beten und zum Durchführen von Ritualen erschaffen, deshalb darf jeder meiner Anhänger zu jeder passenden Zeit beten.

3. Die Kriegsbeute wurde für mich Halal (rechtmäßig) gemacht, denn vor mir war sie für niemanden rechtmäßig.

[...]

Mohammed verließ Mekka als Prediger und Prophet. Er zog mit etwa 150 muslimischen Konvertiten in Medina ein. Nach einem Jahr gab es in Medina etwa 250 bis 300 Muslime, und die meisten davon waren sehr arm. Nach der Schlacht von Badr trat ein neuer Islam hervor. Mohammed ritt als Politiker und General aus Medina aus. Der Islam wurde zu einer politischen Macht mit dem Dschihad als Instrument und Motivation.

Dies ist die Sunna Mohammeds

Die Juden

Kapitel 7

9:63 Wissen sie denn nicht, dass für den, der Allah und Seinem Gesandten zuwiderhandelt, das Feuer der Gahannam bestimmt ist? Darin wird er auf ewig bleiben; das ist die große Demütigung.

Als Mohammed nach Medina kam, bestand etwa die Hälfte der Bewohner aus Juden. Es gab drei jüdische und zwei arabische Stämme. Fast keiner der Juden hatte einen hebräische Namen; es waren in gewisser Weise Araber. Gleichzeitig enthielten viele der religiösen Praktiken der Araber Elemente des Judentums. Die Juden waren Bauern und Händler und lebten in ihren eigenen umfriedeten Vierteln. Im Allgemeinen waren sie gebildeter und wohlhabender als die Araber.

Vor Mohammeds Ankunft hatte es unter den Stämmen böses Blut und Tötungen gegeben. Die letzte Schlacht wurde von den beiden arabischen Stämmen geführt, doch jeder der jüdischen Stämme hatte sich mit seinen speziellen arabischen Verbündeten an der Schlacht beteiligt. Zu den Spannungen zwischen den beiden arabischen Stämmen gesellten sich auch Spannungen zwischen den Juden und den Arabern. Die Spaltung der Juden und das Kämpfen auf verschiedenen Seiten wurde von Mohammed verdammt. Die Tora predigte, die Juden sollten vereint sein, aber das gelang ihnen nicht.

All diese schwierigen Stammesbeziehungen waren ein Grund für Mohammeds Einladung nach Medina, das Ergebnis jedoch war keineswegs Einigkeit, sondern eine noch stärkere Polarisierung. Die neue Kluft bestand zwischen dem Islam einerseits und jenen Arabern mit ihren jüdischen Verbündeten andererseits, die sich dem Islam widersetzten.

I351 *Um jene Zeit etwa sprachen sich die Anführer der Juden gegen Mohammed aus. Die Rabbis begannen, ihm komplizierte Fragen zu stellen. Zweifel und Fragen hinsichtlich seiner Lehre wurden laut. Für Mohammed jedoch galt es als ketzerisch, Allah anzuzweifeln. Trotzdem schlossen sich ihm zwei der jüdischen Araber als Muslime an. Sie glaubten ihm, wenn er sagte, er sei der jüdische Prophet, der gekommen sei, um die Tora zu erfüllen.*

Die wahre Tora findet sich im Koran

Mohammed erklärte wiederholt, die Juden und Christen hätten ihre heiligen Texte verfälscht, um die Tatsache zu verbergen, dass er selbst in ihren Schriften prophezeit worden war. Die Geschichten im Koran sind denen der jüdischen Schriften sehr ähnlich, doch sie haben eine andere Aussage. Im Koran weisen sämtliche Geschichten, die sich im jüdischen Schrifttum finden, darauf hin, dass Allah die Kulturen zerstörte, die seinen Gesandten nicht glaubten. Laut Mohammed wurden die jüdischen Schriften verändert, um die Tatsache zu verbergen, dass der Islam die wahre Religion und er der letzte Prophet Allahs sei.

I369 *Die Sünden der Juden sind so groß, dass Allah sie zu Affen gemacht hat. Trotzdem wollen sie nicht lernen und weigern sich, einzugestehen, dass Mohammed ihr Prophet ist. Sie kennen die Wahrheit zwar sehr gut, aber sie verbergen sie und verwirren andere. Selbst wenn sie zu Mohammed sagen, sie würden glauben, verbergen sie nur ihren Widerstand.*

Koran, Sure 2:63 *Und als Wir mit euch [Kinder Israels] einen Bund schlossen und über euch den Berg [Sinai] emporragen ließen (und zu euch sagten): „Haltet fest an dem, was Wir euch gebracht haben, und gedenkt dessen, was darin enthalten ist; vielleicht werdet ihr gottesfürchtig sein"; da habt ihr euch abgewandt; und wenn nicht die Gnade Allahs und Seine Barmherzigkeit über euch gewesen* *wären, so wäret ihr gewiss unter den Verlierenden gewesen. Und gewiss habt ihr diejenigen unter euch gekannt, die das Sabbat-Gebot brachen. Da sprachen Wir zu ihnen: „Werdet ausgestoßene Affen." Und Wir machten dies zu einem warnenden Beispiel für alle Zeiten und zu einer Lehre für die Gottesfürchtigen.*

I370 *Die Juden haben die Wahrheit Mohammeds begriffen, und haben dann ihre Schriften verfälscht, um nicht zugeben zu müssen, dass Mohammed Recht hat.*

Mohammed folgt der wahren Religion Abrahams

I375 *Eine Gruppe von Rabbis kam zu Mohammed und fragte ihn: „Warum ähnelt ein Junge seiner Mutter, wo doch das Sperma vom Vater stammt?" Mohammed antwortete, die männliche Flüssigkeit sei dick und weiß, die Flüssigkeit einer Frau jedoch sei gelb und dünn. Ob ein Kind seiner Mutter oder seinem Vater ähnle, hänge davon ab, welche Flüssigkeit oben schwimme.*

I394 *Die Juden baten Mohammed, ein Urteil über einen verheirateten Mann zu sprechen, der Ehebruch mit einer verheirateten Frau begangen hatte. Mohammed berief sich vollständig auf die Tora und empfahl die Steinigung. Bei den Juden jedoch wurde die Todesstrafe nicht mehr vollstreckt. So brachte man das Paar zur Moschee, wo beide zu Tode gesteinigt wurden. Als der Mann den ersten Stein spürte, duckte er sich über die Frau, bis sie beide tot waren.*

B3,41,596; B4,51,9; B7,63,216; B9,83,15; B9,83,16; B9,83,18; B9,83,23 *Zu Mohammeds Lebzeiten geschah es einmal, dass ein Jude ein Mädchen angriff und einigen Silberschmuck, den sie trug, von ihr nahm und ihren Kopf zwischen zwei Steinen zermalmte. Ihre Angehörigen brachten sie zu Mohammed, während sie gerade ihr Leben aushauchte und nicht mehr in der Lage war, zu sprechen. Er fragte sie, wer sie umgebracht habe, und brachte einige Namen* *vor. Bei jedem Namen schüttelte sie den Kopf, bis Mohammed schließlich den Namen des Missetäters nannte, und sie nickte. Also verhörte man den Juden, bis er gestand. Danach befahl Mohammed, den Kopf jenes Juden zwischen zwei Steinen zu zermalmen.*

Eine unheilvolle Veränderung

I381 *In Mekka sprach Mohammed gut über die Juden, von denen es dort nur sehr wenige gab. In Medina gab es viele Juden, und die Beziehungen zu ihnen waren angespannt. Bis zu diesem Zeitpunkt hatte Mohammed das Gebet stets in Richtung Jerusalem geleitet. Nun aber wurde die Qibla (die im Islam vorgeschriebene Gebetsrichtung) in Richtung Mekka, zur Kaaba hin verlagert. Einige der Juden kamen zu ihm und fragten, wieso er die Gebetsrichtung geändert habe. Schließlich behaupte er ja, der Religion Abrahams anzuhängen.*

Da der Islam der Nachfolger des Judentums sei, so sei Allah auch der Nachfolger Jehovahs. In Wirklichkeit sei Allah die Gottheit der Juden gewesen, und die Juden hätten diese Tatsache absichtlich geheim gehalten, indem sie die Schriften verfälschten. Aus diesem Grund, so glauben die Muslime, seien die Juden verflucht worden.

Die Sache mit den Juden von Quaynuqa

I545 *In Medina gab es drei Stämme von Juden. Die Beni Quaynuqa waren Goldschmiede und lebten in einer Festung in ihren Vierteln. Mohammed sagte, sie hätten den Vertrag gebrochen, den sie mit ihm unterzeichnet hätten, als er nach Medina kam. Wie sie das getan haben sollen, ist ungewiss.*

I545 *Mohammed versammelte die Juden auf ihrem Marktplatz und sagte: „Oh Juden, gebt Acht, dass Allah sich nicht an euch rächt, so wie Er es mit den Quraisch getan hat. Werdet Muslime. Ihr wisst, dass ich der Prophet bin, der zu euch gesandt wurde. Ihr könnt es in euren Schriften nachlesen."*

1545 *Sie antworteten: „Oh Mohammed, du scheinst zu denken, dass wir dein Volk sind. Mach dich nicht lächerlich. Du hast vielleicht einige Händler der Quraisch getötet und besiegt, aber wir sind Krieger und echte Männer."*

1546 *Einige Zeit später belagerte Mohammed die Beni-Quaynuqa-Juden in ihren Vierteln. Keiner der beiden anderen jüdischen Stämme kam ihnen zu Hilfe. Schließlich ergaben sich die Juden und rechneten damit, nach ihrer Gefangennahme niedergemetzelt zu werden.*

Eine der alten jüdischen Verbündeten jedoch konnte Mohammed davon überzeugen, sie nicht zu töten. Mohammed schickte die Juden ins Exil und nahm all ihren Besitz und ihre Güter zu sich.

Der Überfall auf Al-Qarada

1547 *Aufgrund von Mohammeds Sieg in Badr und des nach wie vor anhaltenden Dschihad mussten die Quraisch eine andere Strecke nach Syrien wählen. Sie heuerten einen neuen Führer an, um sie auf dieser neuen Strecke zu geleiten. Mohammed hatte Informationen über ihren Kurs erhalten und sandte eine Gruppe von Leuten aus, um sie zu überfallen. Die Karawane transportierte eine große Menge Silber, als sie an einer Tränke Halt machte. Die Muslime überrumpelten sie, und den Quraisch gelang es zu flüchten, Mohammeds Männer jedoch konnten sämtliche Güter der Karawane stehlen, einschließlich des Silbers. In Medina händigten sie das Diebesgut an Mohammed aus.*

Der Mordanschlag auf den Juden Al Ashraf

I548 *Als Al Ashraf, ein Jude aus Medina, erfuhr, dass zwei seiner Freunde in Badr getötet worden waren, sagte er, es sei besser, im Grab zu liegen als mit Mohammed auf Erden zu sein. Und so verfasste der „Feind Allahs“ einige Gedichte, in denen er den Verlust seiner Freunde beklagte und auf den Islam losging.*

T1369 *Dann schrieb Al Ashraf ein sexuelles Gedicht über eine muslimische Frau.*

I551 *Als Mohammed von Al Ashrafs Gedicht erfuhr, in dem seine Politik kritisiert wurde, sagte er: „Wer will mir Al Ashraf vom Halse schaffen?“ Ein Muslim sagte: „Ich werde ihn für dich töten.“ Tage später fand Mohammed heraus, dass sein Attentäter nichts unternahm und auch nicht aß oder trank. Mohammed rief ihn zu sich und fragte ihn, was los sei. Der Mann antwortete, er habe eine Aufgabe übernommen, der er nicht gewachsen sei. Mohammed sagte, es sei seine Pflicht, und er solle versuchen, sie zu erfüllen. Der Attentäter sagte: „Oh Apostel Allahs, zu diesem Zweck werde ich lügen müssen.“ Der Prophet sagte: „Tu was du willst, du bist in dieser Angelegenheit frei.“*

I552 *Mithilfe von Lügen gelang es drei Muslimen, Al Ashraf zu töten. Als sie zu Mohammed zurückkehrten, betete er gerade. Sie sagten ihm, sie hätten den Feind Allahs getötet. Ihr Angriff hatte sämtliche Juden in Schrecken versetzt. Es gab keinen Juden in Medina mehr, der sich nicht fürchtete.*

Tötet alle Juden, die euch in die Hände fallen

1554 *Der Apostel Allahs sagte: „Tötet alle Juden, die euch in die Hände fallen." Als er das hörte, überfiel Muhayyisa einen jüdischen Kaufmann, der zu seinen Handelspartnern gehörte, und tötete ihn. Muhayyisas Bruder war kein Muslim und fragte ihn, wie er einen Mann habe töten können, der sein Freund und Partner in vielen Geschäftsangelegenheiten gewesen sei. Der Muslim sagte, er hätte auch seinen Bruder auf der Stelle getötet, falls Mohammed es ihm befohlen hätte. Sein Bruder sagte: „Du meinst, wenn Mohammed dir befehlen würde, mir den Kopf abzuschneiden, würdest du es tun?" „Ja", lautete die Antwort. Daraufhin sagte der ältere Bruder: „Bei Allah, eine Religion, die so etwas bewirken kann, ist wunderbar." Und er beschloss unverzüglich, Muslim zu werden.*

Dies ist die Sunna Mohammeds

Die Christen

Kapitel 8

24:52 Und wer Allah und Seinem Gesandten gehorcht und Allah fürchtet und sich vor Ihm in Acht nimmt: solche sind es, die Gewinner sind.

I404 *Während einige Christen in Medina waren, stritten sie sich mit Mohammed über Religion. Sie hielten an der Lehre von der Dreieinigkeit und der Göttlichkeit Christi fest. Mohammed erklärte später die islamische Version der christlichen Lehre. Der Koran erzähle ausführlich die wahre Geschichte Christi, der nur ein weiterer von Allahs Propheten sei.*

Christen werden als Tri- (oder sogar Polytheisten) angesehen. Der „Heilige Geist" wird zwar erwähnt, aber nicht als Teil der Trinität erkannt. Vielmehr wird an die dritte Stelle Maria gesetzt.

I406 *Niemand hat Macht, außer durch Allah. Allah verlieh dem Propheten Jesus die Macht, Tote zu erwecken, Kranke zu heilen, Vögel aus Lehm zu formen und sie davonfliegen zu lassen. Allah verlieh Jesus diese Zeichen als Hinweise darauf, dass er ein Prophet war. Allah jedoch verlieh ihm nicht die Macht, Könige zu ernennen, oder die Fähigkeit, die Nacht zum Tage zu machen. Dieser Mangel an Macht zeigt, dass Jesus ein Mensch war. Wäre er Teil von Gott gewesen, so hätten alle Mächte seinem Befehl unterstanden. Dann hätte er nicht unter der Herrschaft von Königen stehen müssen.*

Maria, die Mutter Jesu

1407 *Imran war der Vater von Moses, Aaron und Maria, der Mutter Jesu.*[7]

Koran, Sure 19:16 *Und erwähne im Buch Maria. Als sie sich von ihrer Familie nach einem östlichen Ort zurückzog und sich vor ihr abschirmte, da sandten Wir Unseren Engel Gabriel zu ihr, und er erschien ihr in der Gestalt eines vollkommenen Menschen; und sie sagte: „Ich nehme meine Zuflucht vor dir zum Allerbarmer, (lass ab von mir) wenn du Gottesfurcht hast."*

Koran, Sure 19:19 *Er sprach: „Ich bin der Bote deines Herrn. (Er hat mich zu dir geschickt,) auf dass ich dir einen reinen Sohn beschere."*

Koran, Sure 19:20 *Sie sagte: „Wie soll mir ein Sohn (geschenkt) werden, wo mich doch kein Mann (je) berührt hat und ich auch keine Hure bin?"*

Koran, Sure 19:21 *Er sprach: „So ist es; dein Herr aber spricht: ‚Es ist Mir ein leichtes, und Wir machen ihn zu einem Zeichen für die Menschen und zu Unserer Barmherzigkeit, und dies ist eine beschlossene Sache.'" Und so empfing sie ihn und zog sich mit ihm an einen entlegenen Ort zurück. Und die Wehen der Geburt trieben sie zum Stamm einer Dattelpalme. Sie sagte: „O wäre ich doch zuvor gestorben und wäre ganz und gar vergessen!"*

Koran, Sure 19:24 *Da rief er ihr von unten her zu: „Sei nicht traurig. Dein Herr hat dir ein Bächlein fließen lassen. und schüttele den Stamm der Palme in deine Richtung, und sie wird frische reife Datteln auf dich fallen lassen. So iss und trink und sei frohen Mutes. Und wenn du einen Menschen siehst, dann sprich: ‚Ich habe*

7 Diese geschichtliche Lesart steht im Widerspruch zur christlichen Lehre. Jesus wurde 1600 Jahre nach Moses geboren.

dem Allerbarmer zu fasten gelobt, darum will ich heute mit keinem Menschen reden.'"

I407-8 *Christus sprach in der Wiege, und später sprach er zu den Menschen als erwachsener Mann. In der Wiege zu sprechen ist ein Zeichen dafür, dass jemand ein Prophet ist. Christi Prophetentum zeigte sich darin, dass er Vögel aus Lehm zum Fliegen brachte. Durch Allahs Macht heilte Christus die Blinden und die Aussätzigen und erweckte die Toten.*

Koran, Sure 19:27 *Dann brachte sie ihn auf dem Arm zu den Ihren. Sie sagten: „O Maria, du hast etwas Unerhörtes getan. O Schwester Aarons, dein Vater war kein Bösewicht, und deine Mutter war keine Hure." Da zeigte sie auf ihn. Sie sagten: „Wie sollen wir zu einem reden, der noch ein Kind in der Wiege ist?" Er (Jesus) sagte: „Ich bin ein Diener Allahs; Er hat mir das Buch gegeben und mich zu einem Propheten gemacht. Und Er gab mir Seinen Segen, wo ich auch sein möge, und Er befahl mir Gebet und Zakah, solange ich lebe; und ehrerbietig gegen meine Mutter (zu sein); Er hat mich nicht gewalttätig und unselig gemacht. Und Friede war über mir an dem Tage, als ich geboren wurde, und (Friede wird über mir sein) an dem Tage, wenn ich sterben werde, und an dem Tage, wenn ich wieder zum Leben erweckt werde."*

Koran, Sure 19:34 *Dies ist Jesus, Sohn der Maria - (dies ist) eine Aussage der Wahrheit, über die sie uneins sind. Es geziemt Allah nicht, Sich einen Sohn zu nehmen. Gepriesen sei Er! Wenn Er etwas beschließt, so spricht Er nur: ‚Sei!' und es ist. Wahrlich, Allah ist mein Herr und euer Herr. So dient Ihm! Das ist ein gerader Weg.*

I408 *Christus kommt nur durch Allah. Die Zeichen, die Christus als Propheten ausweisen, kommen nur von Allah. Jesus ermahnt andere, Allah anzubeten, nicht ihn. Doch als die Leute sich weigerten, ihn anzuhören, kamen die Jünger herbei, um ihm bei* *seiner Mission zu helfen. Die Jünger waren Diener Allahs und waren Muslime, ebenso wie Christus.*

I409 *Christus wurde nicht gekreuzigt. Als die Juden sich gegen Christus verschworen, fanden sie in Allah den besten Verschwörer. Allah nahm Jesus direkt zu sich auf und wird alle widerlegen, die behaupten, er sei gekreuzigt worden und auferstanden. Am jüngsten Tag, dem Tag der Auferstehung, werden alle gesegnet werden, die Christus folgen, aber nicht an seine Göttlichkeit glauben. Die aber darauf beharren, dass Christus Gott ist und Teil der Dreieinigkeit, und die den wahren Glauben von sich weisen, werden in der Hölle bestraft werden.*

Dies ist die Sunna Mohammeds

Dschihad – ein Rückschlag

Kapitel 9

4:14 Und wer Allah und Seinem Gesandten den Gehorsam versagt und Seine Schranken übertritt, den führt Er ins Feuer; darin muss er ewig bleiben; und ihm wird eine schmähliche Strafe zuteil.

Die Schlacht von Uhud

Bei der Schlacht von Badr hatten die Mekkaner verloren, doch sie stellten eine Armee auf und kehrten zurück, um bei Uhud, in der Nähe Medinas, nochmals gegen die Muslime zu kämpfen.

> **I560** *Als sie die Mekkaner sahen, sagte Mohammed: „Lasst es nicht zum Kampf kommen, bis ich den Befehl dazu erteile." Mohammed platzierte 50 Bogenschützen, die ihn von hinten und von der Seite schützten. Sie durften nicht weichen, sondern sollten die Stellung unbedingt halten.*
>
> **I562** *Der Morgen kam und die Schlacht begann. Nun hatten die Mekkaner ihre Frauen mitgebracht, zu dem einzigen Zweck, die Männer anzutreiben. Vor Frauen wollen die Männer nicht als Feiglinge erscheinen. Die Frauen begannen, ihre Tamburins zu schlagen und Gedichte zu singen:*
>
> ***Wenn ihr vorwärts schreitet, werden wir euch umarmen***
> ***Und weiche Teppiche unter euch legen.***
> ***Wenn ihr den Rückzug antretet, werden wir euch verlassen***
> ***Und euch nicht mehr lieben.***

I557 *Eine mekkanische Frau namens Hind hatte einen schwarzen Sklaven namens Wahshi, der ein Meister im Umgang mit dem Wurfspeer war. Sie sagte zu Wahshi, wenn es ihm gelänge, Hamza zu töten*[8]*, würde sie ihm die Freiheit schenken. Auf dem Weg zur Schlacht sagte Hind jedesmal, wenn sie Wahshi sah: „Komm, du Vater des Schwarz-Seins, befriedige deine Rache, und unsere dazu."*

I564 *Während der Schlacht stand Wahshi am Rand des Geschehens und suchte nach Hamza. Hamza kämpfte wie ein Löwe, während Wahshi zusah. Als Hamza gegen einen der Mekkaner kämpfte, sagte er: „Komm her, du Sohn einer Klitoris-Beschneiderin." Dann tötete Hamza den Mann, dessen Mutter die weibliche Beschneidung*[9] *durchführte. Daraufhin warf Wahshi seinen Speer und tötete Hamza. Wahshi war nun frei und verließ das Schlachtfeld.*

Die Muslime verloren, da die Bogenschützen ihre Stellung nicht hielten, sondern ins Lager der Mekkaner rannten, um deren Besitztümer zu stehlen. Die Mekkaner siegten, doch sie nutzten ihren Vorteil nicht voll aus und ließen Mohammed entkommen.

I578 *Hind und andere Frauen liefen durch das Schlachtfeld und verstümmelten die Leichen. Hind schnitt ihnen die Ohren und Nasen ab, um daraus Armreife herzustellen. Hamzas Körper entnahm sie die Leber und kaute sie roh.*

Wir haben euch für Badr belohnt.

Ein Krieg, der neu entbrennt, ist grausam.

Der Verlust meines Vaters und Bruders hat mich zerrüttet.

Ich habe meine Rache erfüllt.

Wahshi hat das Brennen in meiner Brust gelindert.

Dank sei dir, Wahshi.

---

8 Hamza hatte Hinds Onkel in Badr getötet.

9 Damit das Entfernen der Klitoris gemeint, eine in Arabien alltägliche Operation.

I586 *Die toten Muslime wurden auf dem Schlachtfeld begraben. Mohammed sagte: „Ich bezeuge, dass alle, die im Dschihad verwundet werden, von Allah wiedererweckt werden, und ihre blutenden Wunden werden duften wie das feinste Parfüm." Mohammed hörte die Frauen um ihre Toten weinen, doch er wollte, dass sie auch um seinen Onkel Hamza klagen. Also klagten die Frauen um Hamza und Mohammed fühlte sich besser.*

Die Muslime hatten verloren, weil sie Mohammeds Anweisungen nicht befolgt hatten. Deshalb steht im Koran, dass die Muslime von nun an Mohammed in allen Dingen gehorchen mussten. Sie sollten nicht den Mut verlieren, denn es würde in Zukunft noch öfter Gelegenheit geben, Kriegsbeute zu machen.

I606 *Im Koran steht, dass der Erfolg, den die Kuffar zu verzeichnen hatten, nur vorübergehend sei. Ihre Bosheit würde wachsen, und sie würden bestraft werden. Allah würde die Gläubigen nicht in diesem Zustand zurücklassen. Diese Prüfung jedoch würde die Schwachen von den Starken trennen. Wer wohlhabend sei, sollte sein Geld für den Dschihad ausgeben.*

Mordanschlag als Dschihad

M276 *Nach Uhud verbündeten sich mehrere Stämme unter der Führung von Sufyan Ibn Khalid. Mohammed entsandte einen Attentäter, um ihn zu töten, denn ohne seine Führung würde die Koalition auseinanderbrechen. Also schloss sich der Attentäter, Abdullah, Sufyans Streitmacht an und wartete, bis er allein mit ihm war. Er tötete Sufyan und trennte ihm den Kopf ab und kehrte zurück nach Medina.*

M276 *Abdullah ging danach geradewegs zu Mohammed. Mohammed hieß ihn willkommen und fragte ihn, wie es gelaufen sei. Abdullah überreichte Mohammed das Haupt seines Feindes.*

Mohammed war befriedigt und überreichte ihm seinen Spazierstock. Er sagte: „Dies ist ein Zeichen zwischen dir und mir am Tag der Auferstehung. Nur wenige werden sich an jenem Tag auf so einen Stock stützen können.“ Abdullah befestigte ihn an seiner Schwertscheide.

Der Überfall auf den Stamm der Mustaliq

I725 *Als Mohammed hörte, dass der arabische Stamm der Mustaliq gegen ihn war und sich gegen ihn versammelte, rückte er mit seiner Armee zum Angriff aus. Er fand sie an einer Wassertränke, und die Auseinandersetzung begann. Der Islam war siegreich, und die Mustaliq mitsamt ihren Frauen, Kindern und Besitztümern wurden als Kriegsbeute genommen und unter den Kämpfern verteilt.*

I729 *Die Gefangenen vom Stamm der Mustaliq wurden als Kriegsbeute aufgeteilt. Ein Lösegeld wurde auf ihre Köpfe ausgesetzt. Wurde das Lösegeld nicht bezahlt, behandelte man die Leute als Kriegsbeute und Sklaven. Eine unter ihnen war eine sehr schöne Frau, die zu einem hohen Preis gehandelt wurde. Sie kam zu Mohammed und fragte ihn, ob der Preis nicht herabgesetzt werden könne. Mohammed hatte eine bessere Idee. Er bezahlte das Lösegeld, und die schöne Frau wurde zu seinem siebten Weib.*

I729 *Diese Eheschließung hatte einen Nebeneffekt. Die Gefangenen waren nun Verwandte von Mohammeds Frau. Sie wurden alle ohne Lösegeld freigelassen.*

Der Tod einer Dichterin

I996 *Es gab eine Dichterin, die ein Gedicht gegen den Islam schrieb. Mohammed sagte: „Wer befreit mich von Marwans Tochter?“ Einer seiner Anhänger, ein Blinder, hörte ihn reden, und noch in derselben Nacht ging er zum Haus der Frau, um sie zu töten.*

M239 *Der blinde Attentäter konnte sein Werk in der Nacht verrichten, als die Frau schlief. Ihre anderen Kinder lagen im Zimmer, doch ihr Säugling lag an ihrer Brust. Der verstohlene Attentäter nahm ihr das Kind ab und stieß ihr mit solcher Wucht das Messer in den Leib, dass sie an dem Bett wie festgenagelt war.*

I996 *Am Morgen ging er zu Mohammed und erzählte ihm davon. Mohammed sagte: „Du hast Allah und seinem Apostel geholfen."*

M239 *Mohammed wandte sich an die Leute in der Moschee und sagte: „Wenn ihr einen Mann sehen wollt, der Allah und seinem Propheten Beistand leistete, seht her." Omar rief: „Was, der blinde Omeir?" „Nein", sagte Mohammed. „Nennt ihn Omeir den Sehenden."*

I996 *Die Dichterin hatte fünf Söhne, und der Attentäter ging zu ihnen, verspottete sie und sagte: „Oh ihr Söhne, ich habe Bint Marwan getötet. Widersteht mir, wenn ihr könnt; lasst mich nicht warten." Der Islam wurde an jenem Tage mächtig, und viele wurden, wenn sie die Macht des Islam sahen, selbst zu Muslimen.*

Dies ist die Sunna Mohammeds

Dschihad – die Juden unterwerfen sich

Kapitel 10

58:20 Wahrlich, jene, die sich Allah und Seinem Gesandten widersetzen, werden unter den Gedemütigten sein. Allah hat es vorgeschrieben: Sicherlich werde Ich siegen, Ich und Meine Gesandten. Wahrlich, Allah ist Allmächtig, Erhaben.

Reinigung

Mohammed griff nun den zweiten der beiden jüdischen Stämme in Medina an. Die Juden wollten nicht eingestehen, dass er ein wahrer Prophet war, und dafür mussten sie bezahlen. Mohammed verhängte über die Juden den Belagerungszustand und verbrannte ihre Dattelpalmenplantagen. Die anderen Juden halfen ihnen nicht. Sie trafen eine Vereinbarung und flüchteten lebendig mit allem, was sie tragen konnten.

Da keine tatsächlichen Kämpfe stattfanden und die Dschihadisten nichts zu tun hatten, erhielt Mohammed die gesamte Kriegsbeute. Das Verbrennen der Dattelpalmen verstieß gegen arabische Stammesbräuche. Im Koran jedoch stand, es sei ein moralischer Akt gegen die jüdischen Kuffar gewesen.

Die Grabenschlacht

Die Mekkaner kamen zurück nach Medina, um gegen den Islam zu kämpfen. Mohammed jedoch hatte Spione in Mekka, so dass er wusste, dass sie im Anmarsch waren. Auf Vorschlag eines Muslims, der in Persien gewesen war, bauten die Muslime einen Verteidigungsgraben.

> **I677-83** *Mohammed konnte seine Agenten einsetzen, um Zwietracht unter denen zu säen, die sich gegen ihn verbündet hatten. Der*

Schutz durch den Verteidigungsgraben frustrierte die Mekkaner. Das Wetter war schlecht, und die Verbündeten trauten einander nicht. Was die eigentliche Schlacht betrifft, so wurde während der zwanzigtägigen Belagerung nur eine Handvoll Männer getötet. Die Mekkaner brachen ihr Lager ab und kehrten zurück nach Hause. Es war ein Sieg für Mohammed.

1680 *Während die Armeen einander gegenüberstanden, war Hassan wieder in einer Festung. Ein Jude wurde gesichtet, wie er um die Festung herumstrich, und Hassan fürchtete, er würde einen Weg hineinfinden. Hassans Frau sagte, er solle hinuntergehen und den Juden töten. Doch Hassan war ein Dichter, der für Mohammed Satire verfasste, und er war nicht willens, zu den Waffen zu greifen, was er seiner Frau auch sagte. Die Frau nahm einen Knüppel und ging hinaus und erschlug den Juden. Dann kam sie zurück in die Festung und bat Hassan, hinauszugehen und den Toten zu entkleiden.*[10] *Doch selbst das zu tun weigerte sich Hassan.*

Die Lösung für die Juden

1684 *Am gleichen Tag kam der Engel Gabriel um die Mittagszeit zu Mohammed. Er fragte, ob Mohammed mit Kämpfen fertig sei. Gabriel und die Engel waren davor, den letzten jüdischen Stamm in Medina anzugreifen. Gabriel sagte: „Allah befiehlt dir, zu den Juden zu gehen. Ich bin auf dem Weg dorthin, um ihre Festung ins Wanken zu bringen.“ Mohammed verhängte den Belagerungszustand über die Juden. Sie ergaben sich und unterwarfen sich dem Urteil von Saed, einem alten Verbündeten.*

1688 *Die Juden beschlossen, einen Muslim namens Saed, den sie als ihren Freund betrachteten, ein Urteil sprechen zu lassen, falls sie sich Mohammed unterwarfen. Saeds Urteil war schlicht. Tötet*

---

10 Die Tötung war ein dschihadistischer Akt. Der Besitz des Opfers war deshalb Kriegsbeute.

alle Männer. Nehmt ihnen ihr Eigentum weg und nehmt die Frauen und Kinder als Gefangene. Mohammed sagte: „Du hast Allahs Urteil gesprochen."

I690 *Die Gefangenen wurden nach Medina gebracht. Sie hoben Gräben auf dem Marktplatz von Medina aus. Es war ein langer Tag, doch an jenem Tag wurden 800 Juden enthauptet. Mohammed und seine zwölfjährige Ehefrau Aisha saßen dabei und sahen dem Gemetzel den ganzen Tag bis in die Nacht hinein zu. Der Apostel Allahs ließ alle männlichen Juden töten.*

B5,59,362 *Die Bani An-Nadir und Bani Quraiza verstießen gegen ihren Friedensvertrag mit Mohammed: Er schickte erstere ins Exil und ließ gegen zweitere Milde walten und erlaubte ihnen, in ihren Ländereien in Medina zu bleiben. Als die Bani Quraiza erneut gegen Mohammed kämpfte, tötete Mohammed deren Männer und verteilte ihre Frauen und Kinder als Sklaven unter den Muslimen. Denen, die zu Mohammed kamen und den Islam annahmen, wurde Sicherheit gewährt. Er schickte alle Juden aus Medina ins Exil.*

I691 *Nur eine der jüdischen Frauen wurde getötet. Sie saß die ganze Zeit, während die Männer enthauptet wurden, bei Aisha und lachte und plauderte. Dann rief eine Stimme den Namen der Jüdin, und Aisha fragte, warum sie gerufen wurde. Die Jüdin sagte, sie hätte etwas getan. Sie wurde weggebracht und enthauptet.*

I693 *Mohammed nahm den Besitz, die Frauen und die Kinder der Juden und teilte sie unter den Muslimen auf. Er nahm ein Fünftel der Sklaven und schickte einen Muslim mit den jüdischen Sklavinnen in eine nahegelegene Stadt, wo die Frauen zu Vergnügungszwecken verkauft wurden. Das Geld für den Verkauf der weiblichen Sklaven investierte Mohammed in Pferde und Waffen.*

I693 *Es blieb noch ein letzter Teil der Kriegsbeute für Mohammed. Die schönste Jüdin wurde seine Sklavin zu Vergnügungszwecken.*

1696-7 *In der Grabenschlacht war es Allah, der den Sieg davongetragen hatte. Allah verleiht dem Muslim seine Stärke und seinen Willen. Egal, was die Kuffar tun – Allah wird triumphieren. Allah ist völlig einverstanden mit der Tötung von Juden sowie der Versklavung der Frauen und Kinder. Es war gut, den Besitz der Juden den muslimischen Kriegern übergeben zu haben. Schließlich wollte Allah es so und half dabei, es auszuführen.*

Koran, Sure 33:25 *Und Allah schlug die Ungläubigen in ihrem Grimm zurück; sie erlangten keinen Vorteil. Und Allah ersparte den Gläubigen den Kampf. Und Allah ist Allmächtig, Erhaben. Und Er brachte die aus dem Volk der Schrift, die ihnen halfen, von ihren Burgen herunter und warf Schrecken in ihre Herzen. Einen Teil tötetet ihr, und einen Teil nahmt ihr gefangen. Und Er ließ euch ihr Land erben und ihre Häuser und ihren Besitz und ein Land, in das ihr nie den Fuß gesetzt hattet. Und Allah hat Macht über alle Dinge.*

800 männliche Juden wurden hingerichtet und ihres Besitzes beraubt, ihre Frauen und Kinder versklavt.

Die Tötung des Juden Sallam

I714-6 *Ein Jude namens Sallam half bei der Planung und Organisation des Bündnisses der Stämme, die Mohammed in der Grabenschlacht attackierten. Mohammed schickte fünf muslimische Männer aus, um Sallam zu ermorden. Als die Männer ihr Werk vollbracht hatten, kehrten sie zu Mohammed zurück und verfielen in einen Streit, wer von ihnen Sallam tatsächlich getötet hatte. Mohammed wollte ihre Schwerter sehen. Er untersuchte sie nacheinander, dann deutete er auf das Schwert, das die Mordwaffe gewesen war. An ihm befanden sich noch Speisereste durch den Stoß in den Magen des Opfers.*

Dies ist die Sunna Mohammeds

Dschihad – die ersten Dhimmis

Kapitel 11

4:80 Wer dem Gesandten gehorcht, der hat Allah gehorcht; und wenn sich jemand abwendet, so haben Wir dich nicht zum Hüter über sie gesandt.

Der Vertrag von Al Hudaybiya

Mohammed beschloss, es sei Zeit für die Muslime, eine Pilgerfahrt nach Mekka und zur Kaaba zu unternehmen. Die Mekkaner jedoch wollten die Muslime nicht hereinlassen, obwohl sie unbewaffnet waren und in Pilgerkleidern steckten. Also nahm Mohammed die Gespräche mit den Mekkanern wieder auf.

> **I747** *Sie unterzeichneten einen Vertrag, in dem festgelegt wurde, dass es zehn Jahre lang keinen Krieg geben werde, auch keine Feindseligkeiten, und dass keiner ohne die Einwilligung seines Vormunds zum Islam übertreten könne. Im Gegenzug durften die Muslime im folgenden Jahr kommen und drei Tage in Mekka bleiben, in diesem Jahr allerdings noch nicht.*
>
> **I748** *Viele der Muslime waren deprimiert. Mohammed hatte versprochen, dass sie nach Mekka kommen konnten – und nun konnten sie es nicht. Bevor sie aufbrachen, opferten sie die Kamele und schoren ihre Häupter und führten so viele Rituale wie möglich aus, für die es nicht notwendig war, in Mekka zu sein.*
>
> **I749** *Auf dem Rückweg nach Medina fügte Mohammed dem Koran eine neue Sure mit dem Titel „Sieg" hinzu, die von jenem Abkommen handelte. Die, die sich zurückhielten (die Wüsten-*

araber, die Beduinen) und nicht zur Pilgerfahrt kamen, profitierten auch nicht von der Kriegsbeute. Und in der Zukunft würde es noch öfter Krieg geben.

I750 *Dies war ein Sieg für den Islam. Die Regierung von Mekka behandelte Mohammed als eigenständige politische Macht. Auf Grund dieser Macht zog es viele weitere Araber zum Islam hin.*

I755 *Der Vertrag legte fest, dass Mohammed die Frauen von Medina zurückgeben sollte, die aus Mekka ausgewandert waren. Mohammed jedoch beschloss, die Mitgift jener Frauen zurückzugeben, die ohne Erlaubnis ihres Vormunds nach Mekka gekommen waren, um Muslime zu werden. Normalerweise hätte er die Frauen und die Mitgift behalten. Er bat die Mekkaner auch, die Mitgift jener Kuffar-Frauen zurückzugeben, die Medina verlassen hatten, um in Mekka zu leben.*

Khaybar

I756 *Nach dem Vertragsschluss von Al Hudaybiya blieb Mohammed noch etwa zwei Monate in Medina; dann versammelte er seine Armee und marschierte zu den Festungen von Khaybar, einer Gemeinde von wohlhabenden jüdischen Bauern, die etwa 100 Meilen von Mekka entfernt in einem Dorf mit voneinander getrennten Festungen lebten.*

I758 *Mohammed nahm die Festungen eine nach der anderen ein. Unter den Gefangenen war auch eine schöne Jüdin namens Safiya. Mohammed nahm sie sich zum sexuellen Vergnügen. Einer seiner Männer hatte sie bereits vorher zu seiner Sexsklavin erwählt, doch Mohammed tauschte sie mit ihm gegen zwei ihrer Kusinen. Mohammed hatte bei der Kriegsbeute und den Frauen stets die erste Wahl.*

I759 *Anlässlich des Geschehens bei Khaybar gab Mohammed neue Regeln aus, was Sex mit gefangenen Frauen anbelangte. Wenn die Frau schwanger war, sollte sie bis nach der Geburt ihres Kindes nicht zu sexuellen Zwecken herangezogen werden. Ebenso sollten keine Frauen zu sexuellen Zwecken benutzt werden, die gemäß den muslimischen Menstruationsvorschriften unrein waren.*

I764 *Mohammed wusste, dass irgendwo in Khaybar ein großer Schatz verborgen war, also ließ er den Juden zu sich bringen, von dem er glaubte, er wisse am meisten darüber, und befragte ihn. Der Jude stritt ab, irgendetwas zu wissen. Mohammed sagte zu einem seiner Männer: „Foltert den Juden, bis ihr alles aus ihm herausbekommen habt." Also pfählten sie den Juden am Boden fest und entzündeten ein kleines Feuer auf seiner Brust, um ihm zum Reden zu bringen. Als der Mann schon fast tot war und noch immer nichts sagen wollte, ließ Mohammed ihn befreien und zu einem seiner Männer bringen, dessen Bruder im Kampf gefallen war. Dieser Muslim hatte dann das Vergnügen, dem gefolterten Juden den Kopf abzuschneiden.*

I763 *Mohammed schickte seinen freigelassenen Sklaven Bilal los, um die beiden schönsten Frauen zu suchen und sie ihm zu bringen. Bilal lief mit den Frauen an den toten Juden vorbei. Eine von ihnen begann zu kreischen und streute sich Staub aufs Haupt. Mohammed sagte: „Schafft mir diese Teufelin vom Halse." Dann warf er sein Gewand über Safiya, damit die Männer wussten, dass sie ihm gehörte. Dann sagte er zu Bilal: „Hast du denn gar kein Mitgefühl, dass du diese beiden Frauen an ihren toten Ehemännern vorbeiführst?"*

B2,14,68; B3,34,431; B3,34,437; B4,52,143; B5,59,512; B5,59,513; B5,59,522; B5,59,523 *Nachdem er Khaybar erobert hatte, berichtete man Mohammed von der Schönheit Safiyas, deren Mann getötet worden war. Sie war eine Gefangene, doch er befreite sie als Geschenk zur Hochzeit und machte sie zu seiner Braut. Er holte sie mit der Armee, bis sie Sidd-as-Sahbar erreichten, und heiratete sie, nachdem sie rein war von ihrem Menstruationszyklus.*

I764 *In Khaybar setzte Mohammed die ersten Dhimmis ein. Nachdem er den Juden die besten ihrer Besitztümer weggenommen hatte, ließ Mohammed sie das Land weiter bebauen. Da seine Männer nichts über Landwirtschaft wussten, während die Juden darin sehr bewandert waren, bestellten sie das Land und gaben Mohammed die Hälfte ihres Ertrags.*

I765 *Nachdem Mohammed ausgeruht hatte, bereitete die Frau von Sallam ein Mahl für ihn zu. Sie fragte, welches Stück Fleisch ihm am liebsten sei und gab es ihm. Er kaute eine Weile, dann spuckte er es aus und erklärte, es sei vergiftet. Er befragte die Jüdin dazu, und sie pflichtete ihm bei, es sei vergiftet. Sie sagte, nach dem, was er den Juden angetan habe, wolle sie ihn loswerden, wenn er lediglich ein König sei. Als Prophet hätte er aber gewusst, dass er nicht davon essen könne. Der Muslim, der mit Mohammed am gleichen Tisch aß, spuckte sein Fleisch nicht aus und starb.*

I767 *Es war an der Zeit für die Hochzeit mit Safiya, und so wurde sie von einem Muslim für ihre Hochzeitsnacht mit Mohammed „schön gemacht". Als Mohammed am Morgen erwachte, sah er einen jungen Muslim mit gezogenem Schwert um sein Zelt streichen. Er sagte: „Ich hatte Angst um dich. Du hast ihren Ehemann getötet, ihren Vater zu Tode gefoltert und ihr Volk vernichtet." Mohammed bat Allah, den Kämpfer ebenso zu beschützen wie er Mohammed beschützt hatte.*

I768 *Mohammed gab den Frauen einen kleinen Teil der Kriegsbeute. Ebenso gab er auch seinen Frauen einen Anteil an Khaybar.*

Fadak

I777 *Die Juden von Fadak gerieten in Panik, als sie sahen, was Mohammed in Khaybar tat. Sie würden die Nächsten sein, also ergaben sie sich Mohammed kampflos. Da es zu keinem Kampf kam, bekam Mohammed all ihren Besitz, und auch sie bestellten das Land weiter und gaben Mohammed jedes Jahr die Hälfte der Erträge. Sie wurden zu Dhimmis wie die Juden aus Khaybar.*

Dies ist die Sunna Mohammeds

Mohammeds letzter Dschihad

Kapitel 12

3:53 Unser Herr, wir glauben an das, was Du herabgesandt hast, und folgen dem Gesandten. Darum führe uns unter den Bezeugenden auf.

Mekka wird erobert

Der Vertrag von Hudaybiya wurde durch ein Gefecht zwischen Mohammeds Verbündeten und Verbündeten von Mekka gebrochen. Mohammed zog seinen Nutzen daraus und startete den Angriff auf Mekka.

> **I810** *Hatib, ein Muslim aus Medina, schrieb einen Brief an die Mekkaner, in dem stand, dass Mohammed nach Mekka kommen werde. Sie verbarg den Brief in ihrem Haar. Mohammed kam zu Ohren, dass sie den Brief mit sich führe, und er schickte ihr zwei Männer hinterher. Sie holten sie ein, durchsuchten sie und fanden nichts. Ali befahl ihr, den Brief herauszugeben, oder man werde sie nackt ausziehen. Sie gab ihnen den Brief.*

> **I810** *Als sie nach Medina zurückkamen, verlangte Mohammed nach Hatib und forderte eine Antwort. Er sagte, er sei kein Mann von Bedeutung, er versuche nur, sich um die in Mekka zurückgebliebene Familie zu kümmern. Umar wolle ihn enthaupten, doch Mohammed habe klargestellt, dass Hatib in Badr gekämpft hatte, und dass er tun könne, was ihm beliebe.*

I811 *Als Ergebnis der Kämpfe zwischen einem mit den Mekkanern verbündeten Stamm und einem mit Mohammed verbündeten Stamm, marschierte er mit 10.000 Mann nach Mekka, um sie zu bestrafen.*

Die Mekkaner beschlossen, sich kampflos zu fügen. Der mekkanische Führer bekannte sich zum Islam. Der Führer ging voran und verkündete den Bewohnern, dass Mohammeds Armee im Anmarsch sei. Sie sollten keinen Widerstand leisten, sondern in ihre Häuser, sein Haus oder in die Kaaba gehen, dort würden sie sicher sein.

I819 *Mohammed hatte seinen Kommandeuren befohlen, nur diejenigen zu töten, die Widerstand leisten. Außerdem sollten sie niemanden behelligen außer diejenigen, die sich gegen Mohammed ausgesprochen hatten. Hier die Liste derer, die getötet werden sollten:*

- *Einer von Mohammeds Sekretären, der gesagt hatte, wenn er die Koranoffenbarungen an Mohammed niederschreibe, würde Mohammed ihn manchmal den Sprachstil verbessern lassen. Dadurch habe er seinen Glauben verloren und sei zum Apostaten geworden (habe den Islam verlassen).*
- *Zwei Sängerinnen, die satirische Lieder gegen Mohammed gesungen hatten.*
- *Ein muslimischer Steuereinnehmer, der zum Apostaten geworden war.*
- *Ein Mann, der Mohammed beleidigt hatte.*

T1642 *Hind war die mekkanische Frau, die Hamza bei der Schlacht von Uhud verstümmelt hatte. Als sie vor Mohammed erschien, um Muslima zu werden, sagte er ihr, es gehöre zu ihren Pflichten, keine Kinder zu töten. Sie antwortete, sie habe sie großgezogen und nicht getötet. Als sie jedoch herangewachsen waren, habe Mohammed ihre beiden Söhne in Badr getötet.*

1821 *Mohammed ging zur Kaaba und betete, danach zerstörte er alle religiösen Kunstwerke in Mekka.*

Mohammed verkündete das Ende aller Fehden, aller Rachemorde, jeglicher Bezahlung von Blutgeld. Die Verehrung der Ahnen hatte ein Ende.

Khalids Entdeckungsreisen

1834 *Mohammed schickte Khalid zu den Stämmen rund um die ländliche Gegend bei Mekka.*

1837 *Khalid griff einen der Stämme an, fesselte und enthauptete viele von ihnen. Einer der Gefesselten fragte, ob man ihn zu einem bestimmten Mädchen bringen könne. Der Mann sagte: „Leb wohl, auch wenn das Leben nun zu Ende ist." Dann sagte er ein Liebesgedicht für sie auf:*

War ich nicht ein würdiger Geliebter?
Ging ich nicht Tag und Nacht für dich auf Reisen?
Belohne mich mit Liebe; eh die Tragödie kommt.
Belohne mich mit Liebe, eh die Entfernung zu groß ist.
Selbst wenn die Nöte unseres Stammes mich in Anspruch nahmen,
Selbst dann war meine Liebe da.

1838 *Sie antwortete: „Möge dein Leben um Jahre verlängert werden." Er wurde fortgebracht und enthauptet.*

1840 *Mohammed schickte Khalid zu einem alten Tempel bei Mekka, den mehrere Stämme als Ort der Anbetung nutzten. Als Khalid dort ankam, zerstörte er ihn vollends.*

Die Schlacht von Hunain

1840 *Als Mohammed Mekka eroberte, sahen die umliegenden arabischen Stämme, dass er, wenn sich ihm niemand entgegenstellte, zum König von Arabien werden würde. Die Hawa-zin-Araber beschlossen, sich ihm unter der Führerschaft von Malik entgegenzustellen.*

1842 *Mohammed schickte einen Spion aus, um Informationen über die Araber einzuholen. Als er die Informationen erhielt, begann er, sich auf den Dschihad vorzubereiten. Erst lieh er sich Rüstungen und Lanzen von einem wohlhabenden Araber aus, dann marschierte er mit 12.000 Männern los.*

1845 *Die Armee marschierte zu einem breiten Landstrich herab, und dort fanden sie den Gegner, wohlvorbereitet und versteckt, wie er darauf wartete, angreifen zu können. Die muslimischen Truppen brachen auf und rannten davon. Mohammed stand in seinen Steigbügeln und rief: „Wohin geht ihr? Kommt zu mir, dem Apostel Allahs." Doch die meisten Männer setzten ihren Rückzug fort, bis auf die kriegsgestählten Kerntruppen, die sich neu um ihn gruppierten. Eine Gruppe von etwa 100 übernahm die Führung, damit das Blatt sich wendete. Sie waren unerschütterlich. Mohammed blickte auf das Gemetzel und sagte: „Jetzt ist der Ofen heiß!"*

1847 *Eine der muslimischen Frauen befand sich in Mohammeds Nähe und sagte über die, die den Rückzug antraten: „Töte diejenigen, die flüchten, ebenso wie du diejenigen tötest, die uns angreifen."*

Aufs Neue siegte der Islam über die Kuffar.

Schlacht von Taif

1872 *Mohammed griff al Taif an, eine von Mauern umgebene Stadt. Die Muslime schlugen ihre Zelte bei den Mauern auf und ließen sich dort nieder, um die Stadt zu belagern. Mohammed hatte zwei seiner Frauen dabei und brachte sie in zwei verschiedenen Zelten unter. Die Schlacht verlief nicht gut, und der Stadt gelang es, sich dem Dschihad zu widersetzen. Mohammed ließ seine Krieger all ihre Weinberge zerstören.*

1873 *Eine der muslimischen Frauen fragte Mohammed, ob sie den Schmuck zweier der reichsten Frauen in Taif haben könne. Mohammed sagte, das könne sie, zweifelte jedoch daran, dass sie erfolgreich sein würden. Wenig später brach er den Angriff ab. Auf dem Rückweg sagte einer der Muslime, es mache ihm nichts aus, die Schlacht verloren zu haben, er bereue es jedoch, keine Frau aus Taif als Sklavin erhalten zu haben. Die Leute von Taif waren bekannt für ihre Intelligenz, und er wollte sich mit der Sklavin fortpflanzen, um schlaue Kinder von ihr zu bekommen.*

Die Hawazin

1877 *Die Hawazin waren von den Muslimen geschlagen worden. Als Mohammed aus Taif zurückkam, machte er dort Halt, um sich der Sache anzunehmen. Sie waren zum Islam übergetreten und wünschten sich Abhilfe für ihren Verlust. Ihre Führer wiesen Mohammed darauf hin, dass einige der Gefangenen seiner Pflegefamilie entstammten. Mohammed stellte die Führer vor die Wahl: Sie konnten entweder ihr Vieh und ihren Besitz zurückhaben oder ihre Frauen und Söhne. Sie entschieden sich für ihre Familien.*

1877 *Mohammed fragte die verschiedenen Stammesführer seiner Armee, ob sie die Hawazin freilassen würden. Die meisten von ihnen waren einverstanden, zwei Stämme jedoch sagten Nein, also* *bot ihnen Mohammed sechs Kamele für jede freigelassene Person. Die Schuld würde durch die nächste Schlacht bezahlt werden. Daraufhin ließen sie all ihre Gefangenen frei, bis auf einen. Einer der Eroberer hatte eine alte Frau, die er für sechs Kamele nicht freilassen wollte. Er glaubte, sie sei reich und mehr wert. Sein Freund sagte: „Lass sie gehen. Ihre Brüste sind flach. Sie kann nicht mehr empfangen, und ihr Mund ist kalt. Sie ist ja keine Jungfrau in der Blüte ihrer Jahre, ja nicht einmal eine dickliche Matrone mittleren Alters." Da ließ er sie für sechs Kamele gehen.*

I878 *Mohammed gab drei seiner Gefährten jeweils ein Sklavenmädchen, damit sie Sex mit ihnen haben konnten. Uthman nahm seine Sexsklavin und schenkte sie seinem Sohn.*

Der Überfall auf Tabuk

I894 *Mohammed beschloss, die Byzantiner zu überfallen. Normalerweise ließ er seine Männer nie so richtig wissen, wohin es ging. Er gab wohl die Richtung an, doch erst wenn sie auf dem Weg waren, nannte er ihnen das eigentliche Ziel. Das Ziel ihres Überfalls war weit entfernt, und das Wetter war sehr heiß, so dass es größerer Vorkehrungen bedurfte. Der Männer begannen mit ihren Vorbereitungen, doch auf Grund der Hitze mangelte es ihnen an Begeisterung. Doch es war Zeit für die Ernte, und sie erinnerten sich an den letzten Krieg mit den Byzantinern, den sie schmählich verloren hatten.*

I894 *Als Mohammed einen seiner besten Männer fragte, ob er aufbrechen wolle, antwortete der Mann: „Würdest du mir erlauben, zu bleiben? Du weißt, wie sehr ich die Frauen liebe, und wenn ich die byzantinischen Frauen sehe, weiß ich nicht, ob ich mich beherrschen kann." Also sagte Mohammed, er könne bleiben.*

I896 *Und so machte sich Mohammed auf den Weg, aber es gab viele Muslime, die nur widerwillig aufbrachen oder Befürchtungen* *äußerten. Nach dem ersten Kampieren gingen einige der Muslime und kehrten nach Medina zurück. Diese nannte man die Heuchler.*

1902 *Als sie nach Tabuk kamen, bezahlten die Leute dort die Kopfsteuer, die Dschizya. Wer die Kopfsteuer bezahlte, die jeder für sich selbst verrichten musste, würde nicht von den Muslimen angegriffen, getötet oder ausgeraubt werden. Wer die Dschizya bezahlte, befand sich unter dem Schutz des Islam.*

1903 *Mohammed schickte Khalid zur Festung eines christlichen Anführers. Als der Anführer und sein Bruder aus der Festung ritten, um nach dem Vieh zu sehen, tötete Khalid den Bruder, den Anführer selbst nahm er gefangen. Daraufhin erklärte sich der Anführer bereit, die Kopfsteuer an den Islam zu entrichten. Mohammed kehrte nach Medina zurück.*

Ewiger Dschihad

M448 *Nach all diesen Siegen sagten einige Muslime, die Tage des Kampfes seien vorbei, und begannen sogar ihre Waffen zu verkaufen. Mohammed jedoch verbot das und sagte: „Keine Gruppe von Leuten aus unserer Mitte soll jemals den Kampf um die Wahrheit einstellen, bis der Antichrist erscheint." Der Dschihad galt als Normalzustand.*

Abu Bakr leitet die Pilgerreise

1919-20 *Abu Bakr leitete die Pilgerreise von Medina nach Mekka. Während sie in Mekka waren, wurden wesentiche Änderungen am Vertrag von Hudaybiya vorgenommen, die im Koran niedergeschrieben sind. Der Vertrag sollte nur noch vier Monate lang gültig sein, dann würde der Dschihad gegen alle Kuffar ausgerufen werden, die sich nicht dem Islam unterworfen hatten.*

1922 *Danach würde keiner von denen, die noch die alten arabischen Stammesreligionen praktizierten, mehr in der Lage sein, zur Pilgerreise nach Mekka zu gehen.*

1924 *Da Kuffar als unrein gelten, dürfen sie sich der Kaaba nicht nähern. Um das Geld, das durch deren Pilgerreisen verloren ging, würde Allah sich kümmern. Der Dschihad würde die verlorengegangenen Beträge wieder einbringen.*

1933 *Als Mohammed Mekka und Tabuk eingenommen hatte, schickten die Araber Abordnungen los. Sie wollten sehen, was sich zwischen den Quraisch und Mohammed abspielen würde. Als Mohammed siegreich war, kamen die Araber in Gruppen und schlossen sich ihm an.*

1956 *Die Könige von Himyar schrieben an Mohammed, dass sie sich zum Islam bekehrt hätten. Mohammed schrieb zurück: „ ... Ich habe eure Nachricht erhalten und bin über eure Konversion zum Islam sowie die Tötung von Kuffar informiert. Allah hat euch geleitet ... schickt ein Fünftel der Kriegsbeute und der Steuer den Gläubigen ... Christen und Juden, die nicht konvertieren, müssen die Kopfsteuer bezahlen ...“*

1957 *Mohammed schickte Muadh in den Jemen, um dort Missionsarbeit zu leisten. Während er dort war, fragte eine Frau, welche Rechte einem Ehemann über seine Frau zustehen. Er antwortete der Frau, die gefragt hatte: „Wenn du nach Hause kämst, und aus der Nase deines Mannes würde Blut und Eiter kommen, und du würdest daran saugen, bis sie sauber wäre, hättest du die Ansprüche deines Ehemanns noch immer nicht erfüllt.“*

1965 *Mohammed sandte Steuereintreiber in jedes islamische Gebiet, um die Steuer einzutreiben.*

Dies ist die Sunna Mohammeds

Mohammeds letztes Jahr

Kapitel 13

24:51 Doch die Rede der Gläubigen, wenn sie zu Allah und Seinem Gesandten gerufen werden, damit Er zwischen ihnen richten möge, ist nichts anderes als: "Wir hören und wir gehorchen."

Die Abschieds-Pilgerreise

I966 *Mohammed nahm Aisha mit auf eine Pilgerfahrt nach Mekka. Doch Aishas Periode hatte begonnen, und sie war unrein. Also begann sie zu weinen, doch Mohammed sagte, sie könne sämtliche Rituale mitmachen; nur um die Kaaba dürfe sie nicht herumlaufen.*

I968 *Zehn Jahre nach seinem Einzug in Medina unternahm Mohammed seine letzte Pilgerfahrt nach Mekka. Hier seine Abschiedsrede:*

I969 *Männer haben Rechte über ihre Frauen, und Frauen haben Rechte über ihre Männer. Frauen dürfen niemals Ehebruch begehen oder sexuelle Handlungen mit anderen ausführen. Tun sie es doch, bringt sie in separate Räume und schlagt sie ein wenig. Wenn sie sich von solchen Dingen abkehren, haben sie das Recht auf Nahrung und Kleidung. Nehmt eure Frauen sanft in die Pflicht, denn sie sind Gefangene der Männer und haben keine Kontrolle über sich selbst.*

M473 *Ernährt und kleidet eure Sklaven gut.*

Die Endphase der Christen und Juden

M453 *Als Mohammed in Mekka zu predigen begann, war seine Religion im arabischen Stil. Dann wurde Allah mit Jehova gleichgesetzt, und jüdische Elemente kamen hinzu. Als Mohammed nach Medina zog, geriet er in Konflikt mit den Juden, die seinen Platz in der Reihe jüdischer Propheten nicht anerkennen wollten. Daraufhin vernichtete er die Juden.*

M453 *In seinen letzten Äußerungen erklärte er Juden und Christen für immer zu Bürgern zweiter Klasse, zu Dhimmis. Nur Christen und Juden, die sich dem Islam unterwerfen, seien geschützt. Die wahren Christen würden die Dreifaltigkeit leugnen und Mohammed als den letzten Propheten anerkennen. Die wahren Juden würden Mohammed als den letzten Propheten ihres Gottes Jehova anerkennen. Sowohl Christen als auch Juden müssten akzeptieren, dass der Koran die wahre Schrift sei, das Alte und Neue Testament jedoch verfälscht und voller Irrtümer seien. Alle anderen Juden und Christen seien gar keine; es seien Kuffar.*

Koran, Sure 9:29 *Kämpft gegen diejenigen, die nicht an Allah und an den Jüngsten Tag glauben, und die das nicht für verboten erklären, was Allah und Sein Gesandter für verboten erklärt haben, und die nicht dem wahren Glauben folgen - von denen, die die Schrift erhalten haben, bis sie eigenhändig den Tribut in voller Unterwerfung entrichten.*

Die Christen haben ihre Prophezeiungen verborgen, dass Mohammed kommen werde, um das Werk zu vollenden. An die Göttlichkeit Christi zu glauben entspricht der Weigerung, sich dem Islam zu unterwerfen. Wie bei den Juden gelten auch nur diejenigen Christen, die sich dem Islam unterwerfen, Mohammed als ihren letzten Propheten verehren, zu Dhimmis werden und von der Scharia (dem islamischen Gesetz) regiert werden, als wahre Christen. Der Islam definiert sämtliche Religionen. Alle Religionen müssen sich dem Islam unterwerfen.

Übersicht zu Mohammeds bewaffneten Eingriffen

I973 *Während einer Zeit von neun Jahren beteiligte sich Mohammed persönlich an siebenundzwanzig Überfällen. Dazu fanden achtunddreißig weitere Schlachten und Expeditionen statt. Das macht insgesamt fünfundsechzig bewaffnete Übergriffe, hinzu kommen noch die Attentate und Hinrichtungen – im Schnitt also alle sechs Wochen ein bewaffneter Übergriff.*

Mohammeds Tod

I1000 *Als Mohammed mit seiner Lieblingsfrau Aisha sprach, litt sie an Kopfschmerzen. Sie sagte: „Oh mein Kopf." Mohammed sagte: „Nein, Aisha. Oh mein Kopf." Dann sagte er: „Würde es dich bekümmern, falls du vor mir stirbst, dass ich dich in deinen Schleier hülle und über dir bete?" Aisha sagte: „Falls du das tust, glaube ich trotzdem, dass du, wenn du in dein Haus zurückkehrst, die Nacht einfach mit einer deiner anderen Frauen verbringen würdest." Doch die Schmerzen verschlimmerten sich, und so erlitt er seine letzte Krankheit im Hause Aishas.*

I1006 *Mohammed wurde schwächer und hatte große Schmerzen. Später starb er mit dem Kopf in Aishas Schoß. Seine letzten Worte waren eine perfekte Zusammenfassung des Islam: Politisches Handeln auf der Grundlage von Religion.*

B4,52,288 *Mohammed sagte: „Es sollte keine Religion in Arabien geben außer dem Islam", und dass weiterhin Geld bezahlt werden solle, um die Kuffar-Botschafter aus dem Ausland zu beeinflussen.*

T1831 *Mohammed wurde unter seinem Bett begraben. Das Bett wurde entfernt, und ein Grab wurde ausgehoben, wo es gestanden hatte.*

Dies ist die Sunna Mohammeds

Mohammed, der Mensch

Kapitel 14

64:12 Und gehorcht Allah und gehorcht dem Gesandten. Doch wenn ihr euch (von ihm) abkehrt, dann obliegt Unserem Gesandten nur die Pflicht zur deutlichen Verkündigung.

Seine äussere Erscheinung

B5,58,280 *Heiden pflegen ihr Haar zu scheiteln, Mohammed jedoch ließ sein Haar lose herabfallen wie die Leute in den Schriften. Falls er keine andere Anweisung bekam, folgte Mohammed stets ihrem Beispiel. Später jedoch trug er sein Haar gescheitelt.*

B7,72,787 *Mohammed war weder groß noch klein. Seine Hautfarbe war ähnlich unauffällig – weder blass noch gebräunt. Sein Haar war weder allzu lockig noch glatt. Er wurde mit vierzig zu Allahs Apostel, verbrachte zehn Jahre in Mekka und zehn Jahre in Medina. Er starb im Alter von sechzig Jahren.*

B7,72,791 *Qatada bat Anas, Mohammeds Haar zu beschreiben. Anas sagte: „Mohammed reichte das Haar fast bis zu den Schultern. Es war gewellt. Nicht glatt, aber auch nicht allzu lockig."*

B7,72,793 *Mohammed war von einzigartigem Aussehen. Er hatte große Füße und Hände, doch seine Handflächen waren weich.*

B4,56,751 *Mohammed war von durchschnittlicher Größe und hatte breite Schultern und langes Haar. Einmal sah ich ihn einen roten Umhang tragen, und ich sagte mir, das sei der schönste Mann, den ich je gesehen hatte.*

Mohammeds weisse Hautfarbe

Es gibt viele Hadithen, die von Mohammeds weißer Hautfarbe berichten.

B4,56,765 *Wenn Mohammed sich zum Gebet niederwarf, breitete er die Arme so weit aus, dass wir seine Achselhöhlen sehen konnten. Ibn Bukair sprach von der „Weißheit seiner Achselhöhlen".*

B9,90,342 *Bei der Schlacht von Al-Ahzab half Mohammed uns, Erde zu den Festungen zu tragen. Wir sahen, wie Staub seinen weißen Bauch bedeckte.*

B1,3,63 *Eines Tages saßen wir mit Mohammed in der Moschee, als ein Mann auf einem Kamel geritten kam. Er fragte: „Wer von euch ist Mohammed?". Wir antworteten: „Der weiße Mann, der sich auf seinen Arm stützt."*

B1,8,367 *Kurz vor der Schlacht von Khaybar sprachen Mohammed und wir vor Sonnenaufgang das Fajr-Gebet. Ich [Anas] ritt hinter Abu Talha und neben Mohammed. Wir ritten so eng beieinander, dass mein Knie Mohammeds Bein berührte, als wir die Hauptstraße entlangritten. Sein Gewand verrutschte, und man sah die weiße Farbe seines Schenkels.*

B4,56,747 *Rabia Bin Abi Abdur-Rahman war dabei, als Anas Bin Malik Mohammed wie folgt beschrieb: „Für jemanden von unserem Volk war er von durchschnittlicher Körpergröße. Nicht groß, aber auch nicht klein. Seine Hautfarbe war dezent, rosafarben, nicht blass, aber auch nicht dunkelbraun. Sein Haar war wellig: nicht allzu lockig, aber auch nicht allzu glatt. Allah sprach zum ersten Mal zu ihm, als er vierzig war. Er empfing Allahs Offenbarungen über zehn Jahre hinweg – als er in Mekka lebte. Danach verbrachte er weitere zehn Jahre in Medina. Als er starb, hatte er vielleicht zwanzig graue Haare auf dem Kopf und in seinem Bart." Rabia sagte: „Einmal sah ich einen Teil seiner Haare, und sie waren rot. Man sagte mir, sie seien durch Parfüm so rot geworden."*

Sein Zorn

Es gibt viele Hadithen über Mohammeds Zorn.

B1,2,19 *Wenn Mohammed einem Muslim etwas zu tun befahl, achtete er darauf, dass es etwas war, das sich leicht erledigen ließ und seine Kraft und Ausdauer nicht überstieg. Dennoch beklagten sich viele: „Mohammed, das können wir nicht tun. Wir sind nicht wie du. Allah hat dich von aller Sünde freigemacht." Dann war der Zorn in Mohammeds Gesicht unübersehbar, und er sagte: „Keiner fürchtet Allah mehr als ich, und ich kenne Allah besser als jeder von euch."*

B1,3,90 *Einmal sagte ein Mann zu Mohammed: „Ich werde vielleicht nicht in der Lage sein, zum Pflichtgebet zu erscheinen, denn unser Imam ist sehr weitschweifig, wenn er die Zeremonie leitet." Der Erzähler fuhr fort: „So wütend hatte ich Mohammed noch nie erlebt. Er sagte: ‚Einige von euch verderben den anderen die Freude am Beten. Wenn ihr das Gebet leitet, dann solltet ihr es kurz machen. Einige der Leute sind krank, schwach oder haben ganz einfach Arbeit zu erledigen.'"*

Seine Flüche

B9,85,73 *Mohammed pflegte Allah mit folgendem Gebet anzuflehen: „Allah, schütze die schwachen Muslime. Sei grausam zu den Mudar und schlage sie mit Jahren der Hungersnot und des Hungers, so wie du auch in den Tagen Josefs den Leuten eine Hungersnot geschickt hast."*

Seine Frau Aisha

Aisha war Mohammeds Lieblingsfrau. Folgender Traum ereignete sich, als sie sechs Jahre alt war.

> **M031,5977** *Aisha zitiert Mohammed: „Drei Nächte hintereinander sah ich dich im Traum. Ein Engel brachte dich, gehüllt in Seide, und sagte: ‚Das ist deine Frau.' Als ich die Seide von dir nahm, erschien dein Gesicht. Ich sagte: ‚Falls dieser Traum wirklich von Allah kommt, möge Er es geschehen lassen."*

> **M008,3309** *Mohammed und ich [Aisha] wurden verheiratet, als ich sechs war. Ich wurde in sein Haus gebracht, als ich neun war. Wir zogen nach Medina, wo ich einen Monat lang an Fieber litt. Infolge meiner Krankheit fielen mir die Haare aus. Eines Tages kam meine Mutter Umm Ruman zu mir, als ich mit einigen Freundinnen auf einer Schaukel spielte. Ich hatte keine Ahnung, was sie wollte, aber sie nahm mich bei der Hand und ließ mich an der Tür zu unserem Haus stehen. Ich war außer Atem, doch als ich mich wieder gefasst hatte, brachte mich meine Mutter hinein und übergab mich weiblichen Helfern, die mir fortwährend viel Glück wünschten. Die Frauen wuschen mich und machten mich hübsch. Am Morgen kam Mohammed, und ich wurde ihm übergeben.*

> **B8,73,151** *Meine Freundinnen und ich [Aisha] spielten in Mohammeds Gegenwart oft mit Puppen. Sie versuchten, sich zu verstecken, wenn er hereinkam, doch stets rief er sie zurück, damit sie weiter mit mir spielten. Das Spielen mit Puppen und allem, was ein menschliches Gesicht hatte, war verboten, aber weil ich noch jung war und die Pubertät noch nicht erreicht hatte, war es mir erlaubt.*

Seine andere Frauen

B3,47,755 *Mohammeds Frauen bildeten zwei Gruppen. Die erste Gruppe bestand aus Aisha, Haifa, Safiya und Sauda. Die andere Gruppe bestand aus Um Salama und Mohammeds weiteren Frauen. Die Muslime wussten alle, dass Mohammed Aisha liebte; falls also jemand Mohammed ein Geschenk überreichen wollte, wartete er, bis er in ihrem Hause weilte.*

Das machte die Frauen aus Um Salamas Gruppe eifersüchtig, und sie sandten Um Salama zu dem Propheten, um ihn darum zu ersuchen, den Leuten zu sagen, sie möchten ihre Geschenke an ihn schicken, egal in wessen Haus er gerade weilte. Um Salama äußerte diese Bitte an Mohammed mehre Male, doch nie bekam sie eine Antwort. Schließlich antwortete er ihr doch und sagte: „Versuche nicht, mich wegen Aisha zu verletzen. Allahs Offenbarungen kommen nicht zu mir, wenn ich nicht in ihrem Bett bin." Um Salama sagte zu ihm: „Ich entschuldige mich bei Allah, dir wehgetan zu haben."

Die Frauen blieben unglücklich, also schickten sie Mohammeds Tochter Fatima zu ihm. Fatima sprach zu Mohammed: „Deine Frauen bitten darum, von dir ebenso gut behandelt zu werden wie Abu Bakrs Tochter Aisha." Mohammed sprach zu ihr: „Liebst du das, was ich liebe?" Sie sagte, das tue sie, und als die eifersüchtigen Frauen sie erneut baten, bei ihrem Vater ein Wort für sie einzulegen, weigerte sie sich.

Schließlich schickten sie Zainab zu ihm. Zainab war erbittert und wurde schroff, als sie Mohammed darum bat, Aisha nicht zu bevorzugen. Sie begann zu schreien und zu schimpfen und Aisha von Angesicht zu Angesicht zu beleidigen. Aisha reagierte sehr heftig auf ihre Klagen, bis sie endlich verstummte. Mohammed sah Aisha und sagte: „Das ist zweifellos Abu Bakrs Tochter."

Sex

B1,5,249 *Berichtet von Maimuna, einer von Mohammeds Frauen: Nach dem Sex reinigte Mohammed sich, als würde er sich aufs Gebet vorbereiten, nur dass er seine Füße nicht wusch. Er spülte den Samen und das Vaginalsekret von seinem Penis, dann übergoss er seinen restlichen Körper mit Wasser. Danach nahm er die Füße aus der Badewanne und wusch sie. So reinigte sich Mohammed nach dem Geschlechtsverkehr.*

B1,6,298 *Mohammed und ich [Aisha] pflegten nach dem Sex gemeinsam in einer Wanne zu baden. Während meiner Periode ließ er mich ein Kleid tragen, das mich nur von der Hüfte abwärts bedeckte, dann liebkoste er mich. Ich durfte auch seinen Kopf waschen, wenn ich meine Menstruation hatte.*

Gewohnheiten

B1,4,169 *Mohammed verrichtete alle Tätigkeiten von rechts nach links. Auf diese Weise zog er sich auch seine Schuhe an, kämmte sein Haar oder wusch sich.*

B4,54,428 *Aisha sagte, Mohammed sei immer sehr aufgeregt gewesen, wenn er eine Wolke am Himmel sah. Er lief dann immer hin und her, ging fortwährend ins Haus und verließ es wieder, und sein Gesicht verfärbte sich. Wenn es jedoch regnete, wurde er entspannter. Aisha merkte sofort, wenn er in dieser Stimmung war. Wenn sie ihn danach fragte, sagte er: „Ich weiß nicht, warum ich Angst habe. Es mag die gleiche Art von Angst sein, die im Koran bei dem Volk Ad geschildert wird."*

Koran, Sure 46:24 *Dann aber, als sie sahen, wie es sich ihren Tälern gleich einer Wolke näherte, sagten sie: "Das ist eine Wolke, die uns Regen geben wird." "Nein, es ist vielmehr das, was ihr zu beschleunigen trachtetet - ein Wind, der eine schmerzliche Strafe* *mitführt. Er wird alles zerstören auf den Befehl seines Herrn." Und am Morgen sah man nur noch ihre Wohnungen; so üben Wir Vergeltung am schuldigen Volk.*

B7,65,292 *Mohammed zog es vor, Tätigkeiten auf der rechten Seite zu beginnen – auf diese Weise kämmte er sich sein Haar, zog seine Schuhe an oder führte rituelle Waschungen aus. Er hielt sich in allem, was er tat, an diese Gewohnheit.*

M023,5018 *Anas sagte, Mohammed habe den Leuten verboten, im Stehen zu trinken. Qatada berichtete: Wir fragten ihn: ‚Und wie sieht es mit dem Essen im Stehen aus?' Ana sagte: „Das ist noch verwerflicher."*

M023,5029 *Anas berichtete, dass Mohammed seine Erfrischungsgetränken in drei Schlücken trank.*

M023,5037 *Mohammed: „Wenn ein Muslim isst, soll er sich die Hand nicht wischen, bevor sie saubergeleckt wurde, entweder von ihm selbst oder von jemand anderem."*

M024,5231 *Mohammed: „Wenn jemand Sandalen anzieht, sollte er sich zuerst die rechte anziehen. Wenn jemand seine Sandalen auszieht, sollte er die linke zuerst ausziehen. Er kann sie aber auch einfach gleichzeitig an- und ausziehen."*

M024,5234 *Mohammed machte es zur illegalen Handlung, wenn ein Mann mit der linken Hand aß oder nur mit einer Sandale herumlief. Er verbot Männern auch das Tragen von Kleidungsstücken ohne Armöffnungen, so dass sie sich nicht strecken oder abstützen konnten, wenn sie ein einzelnes Kleidungsstück trugen, das womöglich ihre Genitalien bloßlegte.*

M024,5235 *Mohammed: „Keiner sollte auf seinem Rücken liegen und dabei den einen Fuß auf dem anderen ruhen lassen."*

Bescheidenheit

B7,72,807 *Eines Tages spähte ein Mann in Mohammeds Haus und sah, wie er sich den Kopf mit einem Kamm kratzte. Als er den Mann bemerkte, sagte Mohammed: „Hätte ich mitbekommen, dass du mich heimlich beobachtest, hätte ich dir mit dem Kamm ins Auge gestochen. Der Grund, weshalb Leute um Erlaubnis fragen müssen, ist, damit sie keine Dinge zu sehen bekommen, die sie nicht sehen sollen."*

Mohammeds Sklaven

Die Frau, die Mohammeds „rechter Hand gehörte", war eine Gefangene, die er sich zum Zweck des sexuellen Vergnügens hielt.

B9,89,321 *Mohammed nahm den Treueschwur einer Frau erst an, nachdem sie diesen Koranvers rezitiert hatte:*

Koran, Sure 60:12 *O Prophet! Wenn gläubige Frauen zu dir kommen und dir den Treueeid leisten, dass sie Allah nichts zur Seite stellen...*

Mohammed hätte es seiner Hand nie gestattet, die Hand einer Frau zu berühren, es sei denn, sie war eine Frau, die seiner rechten Hand gehörte, also seine Sklavin oder die Sklavin einer seiner Frauen.

B3,34,351 *Ein Mann verpflichtete sich dazu, bei seinem Tod einen seiner Sklaven freizulassen, später jedoch brauchte er Geld. Mohammed nahm den Sklaven und fragte: „Will jemand diesen Sklaven von mir erwerben?" Nu Aim bekam den Sklaven von Mohammed, nachdem er dem Propheten einen bestimmten Preis bezahlt hatte.*

B3,46,717 *Ich Ib Aun schrieb Nafi einen Brief, und in der Antwort stand, dass Mohammeds Streitkräfte einen Überraschungsangriff auf die Bani Mustaliq gestartet hatten, während sie gerade ihr*

Vieh tränkten und nicht achtgaben. Ihre Männer wurden dahingemetzelt, die Frauen und Kinder gefangengenommen. Eine Frau namens Juwairiya wurde Mohammed an jenem Tag als Kriegsbeute übergeben. In Nafis Brief stand, er hätte diese Auskunft von Ibn Umar bekommen, der an jenem Tag in der Armee der Angreifer kämpfte.

B3,47,765 *Berichtet von Kurib, einem freigelassenen Sklaven von Ibn Abbas: „Maimuana, eine der Frauen des Propheten, erzählte mir eines Tages, sie habe einem ihrer Sklavenmädchen die Freiheit geschenkt, ohne zuvor Mohammeds Erlaubnis einzuholen. Als sie an der Reihe war, bei Mohammed zu sein, sagte sie: ‚Ist dir klar, dass ich mein Sklavenmädchen freigelassen habe?‘ Er antwortete: ‚Wirklich?‘ ‚Ja‘, sagte sie. Mohammed sagte: Deine Belohnung wäre größer gewesen, wenn du sie einem der Brüder deiner Mutter gegeben hättest.‘“*

B7,65,344 *Als er sich im Hause seines Sklavenschneiders aufhielt, aß Mohammed ein Kürbisgericht, das ihm zu schmecken schien. Seit jener Zeit esse auch ich [Anas] gerne Kürbisse.*

B9,91,368 *Umar suchte Mohammed und fand ihn in einem oberhalb gelegenen Zimmer, während ein schwarzer Sklave oben an der Treppe Wache stand. Umar sagte zu dem Sklaven: „Lass Mohammed wissen, dass Umar hier ist und um Erlaubnis bittet, ihn zu sehen.“ Daraufhin gewährte der Sklave ihm Zugang in das Zimmer.*

Krieg

Mohammed befürwortete Gewalt zugunsten des Islam.

B9,90,332 *Abu Huraira bekam mit, wie Mohammed sagte: „Bei Allah, hätte ich eine Möglichkeit, all die Männer zu verfrachten, die sich am Dschihad beteiligen wollen – ich würde keine Gelegenheit* *versäumen, die Kuffar zu bekämpfen. Es wäre mir ein Vergnügen, als Märtyrer für Allah zu sterben, aufzuerstehen und immer wieder aufs Neue als Märtyrer zu sterben.“*

B4,52,151 *Mohammed und Abu Talha pflegten sich bei der Schlacht einen Schild zu teilen. Abu Talha war ein ungewöhnlich guter Bogenschütze, und Mohammeds Blicke folgten dem Flug seiner Pfeile, wenn sie dem Ziel entgegensausten.*

Humor beim Dschihad

M031,5932 *Amir B. Sa'd berichtete, indem er sich auf seinen Vater berief, Allahs Apostel habe am Tag des Uhud, an dem ein Polytheist die Muslime in Brand gesteckt (d. h. heftig attackiert) hatte, seine Eltern zu ihm gebracht. Daraufhin sagte Allahs Apostel zu ihm: „[Sa'd], schieß einen Bogen ab, [Sa'd], mögen meine Mutter und mein Vater das Pfand für dich sein.“ Ich holte einen Bogen hervor und schoss einen federlosen Pfeil auf den mekkanischen Polytheisten ab, wobei ich auf seine Seite zielte. Er fiel zu Boden, und seine Geschlechtsteile wurden entblößt. Allahs Gesandter lachte so, dass ich seine Vorderzähne sah.*

Grausamkeit

B2,24,577 *Einige Leute kamen nach Medina, doch das Klima machte sie krank, also erlaubte ihnen Mohammed, bei den Kamelen zu bleiben, die als Steuern eingetrieben worden waren. Er riet ihnen, den Urin und die Milch der Kamele zu trinken, das helfe gegen ihre Krankheit. Stattdessen jedoch töteten sie den Hirten und stahlen die Kamele. Mohammed schickte ihnen Männer hinterher, und sie wurden rasch festgenommen. Mohammed befahl, ihnen die Hände und Füße abzuschneiden und ihnen die Augen mit heißen Schürhaken auszustechen. Danach ließ man sie auf den Felsen von Harra liegen und verdursten.*

Seine Körperfunktionen

Einer von zahlreichen Hadithen zum Thema Mohammed und Ausscheidung

> **B1,9,479** *Immer wenn Mohammed zur Toilette ging, mussten ein anderer Junge und ich mit einem Stock, einer Stange und einem Wasserbehälter nachkommen. Wenn er fertig war, gaben wir ihm das Wasser.*

Dies ist die Sunna Mohammeds

Die Tränen des Dschihad

Kapitel 15

Die folgenden Zahlen sind eine grobe Schätzung, wie viele Kuffar auf Grund des politischen Akts des Dschihad ums Leben kamen.

Afrika

Thomas Sowell schätzt, dass 11 Millionen Sklaven über den Atlantik verschifft und 14 Millionen zu den islamischen Nationen Nordafrikas und des Nahen Ostens verschickt wurden.[11] Auf jeden festgenommenen Sklaven kamen viele andere, die starben. Schätzungen über diese Kollateralschäden variieren. Der namhafte Missionar David Livingstone schätzte, dass für jeden Sklaven, der die Plantage erreichte, fünf andere ums Leben kamen, indem sie bei dem Überfall getötet wurden oder auf dem Gewaltmarsch an einer Krankheit oder aus Entbehrung starben.[12] Die Zurückgelassenen waren die sehr Jungen, die Schwachen, die Kranken und die Alten. Sie starben bald nachdem ihre Hauptversorger getötet oder versklavt worden waren. So kommt auf 25 Millionen Sklaven, die den Markt erreicht haben, der Tod von etwa 120 Millionen Menschen. Der Islam betrieb den gesamten Sklavenhandel Afrikas.[13]

120 Millionen Afrikaner

11 Thomas Sowell, Race and Culture, BasicBooks, 1994, S. 188.

12 David Livingstone, Woman's Presbyterian Board of Missions, 1888, S. 62.

13 Bernard Lewis, Race and Slavery in the Middle East, Oxford University Press, 1990.

Christen

Die Zahl der vom Islam zu Tode gefolterten Christen beträgt 9 Millionen.[14] Einer groben Schätzung von Raphael Moore in seiner ***History of Asia Minor*** zufolge starben weitere 50 Millionen im Krieg beim Dschihad. Wenn wir die 1 Million im 20. Jahrhundert ermordeten afrikanischen Christen hinzurechnen, kommen wir also auf:

60 Millionen Christen

Hindus

In seinem Werk ***Negationism in India***[15] gelangt Koenard Elst zu einer Schätzung von 80 Millionen Hindus, die während des totalen Dschihad gegen Indien getötet wurden. Das Land Indien ist heute auf Grund des Dschihad nur noch halb so groß wie das alte Indien. Die Gebirge bei Indien nennen sich Hindu Kush, was so viel bedeutet wie „der Scheiterhaufen der Hindus".

80 Millionen Hindus

Buddhisten

Buddhisten folgen nicht dem Lauf der Kriegsgeschichte. Man bedenke, dass es beim Dschihad nur Christen und Juden erlaubt war, als Dhimmis (Diener des Islam) zu überleben; jeder andere musste entweder konvertieren oder sterben. Dem Dschihad fielen die Buddhisten in der Türkei, in Afghanistan, entlang der Seidenstraße und in Indien zum Opfer. Die Gesamtzahl beläuft sich auf etwa 10 Millionen.[16]

10 Millionen Buddhisten

---

14 David B. Barrett, Todd M. Johnson, World Christian Trends AD 30-AD 2200, William Carey Library, 2001, S. 230, Tabelle 4-10.

15 Koenraad Elst, Negationism in India, Voice of India, New Delhi, 2002, S. 34.

16 David B. Barrett, Todd M. Johnson, World Christian Trends AD 30-AD 2200, William Carey Library, 2001, S. 230, Tabelle 4-10.

Juden

Der Dschihad in Arabien traf 100 Prozent der Juden, doch die Zahlen der Toten bewegten sich im Tausender- und nicht im Millionenbereich, sodass die Gesamtsumme der Vernichtungen nicht merklich beeinflusst wird. Danach unterwarfen sich die Juden, wurden zu Dhimmis (Dienern und Bürgern zweiter Klasse) des Islam und verfügten über keine politische oder geographische Macht mehr.

Gesamtzahl

Das ergibt eine grobe Schätzung von 270 Millionen Menschen, die dem Dschihad zum Opfer fielen.

Kommentare

Kapitel 16

3:53 Unser Herr, wir glauben an das, was Du herabgesandt hast, und folgen dem Gesandten. Darum führe uns unter den Bezeugenden auf.

Unterwerfung und Dualität

Nachdem Mohammed sich selbst zum Gesandten Allahs erklärt hatte, forcierte er die Vorstellung, jeder habe sich seiner Botschaft zu unterwerfen. Sein ganzes Weltbild wurde dualistisch und gliederte sich auf in diejenigen, die ihm glaubten, und diejenigen, die es nicht taten – in Gläubige und Kuffar also.

Duale Ethik

Der Erfolg des Islam, beurteilt nach der Zahl seiner Mitglieder, trat ein, als Mohammed nach Medina gezogen war, und dort die politische Bühne betrat. Seine Politik stützte sich auf ein System dualistischer Ethik, wobei ein Teil der ethischen Grundsätze für Muslime galt, ein anderer Teil für Kuffar. Ein Beispiel für diese Dualität: Ein Muslim sollte einen anderen Muslim nie belügen; in einigen Fällen jedoch erlaubte es Mohammed, einen Kafir zu belügen, um die Sache Allahs voranzubringen.

Dieses duale Ethiksystem war für den Dschihad notwendig, und es ist auch heute noch gültig. Eine duale Ethik erschafft einen „Anderen", der anders behandelt werden kann als ein Muslim. Diese duale Ethik ist notwendig, um die grundlegende Dualität der islamischen Weltsicht herzustellen:

- Dăr al-Islam, Haus des Islam
- Dăr al-Harb, Haus des Krieges.

Das wenige, was wir über die frühen Jahre im Leben Mohammeds wissen, ist, dass er mit allen gut Freund war und alle Menschen so behandelte, wie er selbst auch behandelt werden wollte. Als er jedoch nicht mehr Geschäftsmann war, sondern zum Propheten wurde, änderten sich seine Weltsicht und seine Ethik. Die Menschheit wurde in zwei Gruppen unterteilt – die Muslime und die Kuffar, und er behandelte diese beiden Gruppen sehr unterschiedlich. Wie Mohammed auf eine Person reagierte, hing davon ab, ob sie Muslim war oder nicht.

Mohammeds politische Ansichten waren zutiefst und von Grund auf dualistisch. Eine Einheit der Menschen würde es nur geben, wenn alle Welt sich zum Islam bekehrte.

Eine Person, die in Mohammeds Fußstapfen tritt, glaubt, dass nur Muslime vom Islam geschützt werden. Einem Kafir braucht man die üblichen moralischen Zuwendungen wie Gleichheit, Brüderlichkeit, Ehrlichkeit und Mitgefühl nicht zu gewähren. Die Beispiele aus Mohammeds Leben belegen, dass Kuffar verspottet, beschimpft, verleumdet, bedroht, gefoltert, getötet, ausgeraubt, gemeuchelt oder versklavt werden dürfen, um die Sache des Islam voranzutreiben.

Gut und Böse werden in der Trilogie definiert. Wenn eine gegen einen Kafir begangene Tat dem Islam nützt, gilt sie als gut. Alles, was sich dem Islam widersetzt, ist böse.

Dschihad

Die Dualität der Ethik war die Grundlage für Mohammeds bedeutendste Einzelinnovation – den Dschihad. Dschihad, das ist duale Ethik mit geheiligter Gewalt. Das religiöse Schlüsselelement der dualen Ethik ist Mohammeds Heiligsprechung von Gewalt zum Zweck der totalen Herrschaft. Die Kuffar müssen sich dem Islam unterwerfen.

Der Dschihad wird in der Regel als „heiliger Krieg“ bezeichnet, doch diese Sichtweise ist bei weitem zu eng. Dschihad bedeutet Kampf oder Bemühen und stellt einen Prozess dar, der durch Mohammeds Leben versinnbildlicht wird; Mohammed war der perfekte Dschihadist. In Mekka demonstrierte er die ersten Schritte auf dem Weg zum Dschihad, als der Islam noch schwach war: Überzeugungsarbeit und Mission. Nachdem er nach Medina gezogen war, demonstrierte er, wie Dschihad unter einem starken Islam funktioniert: Einwanderung als Angriff gegen Einwohner, politischer Machtgewinn durch Kämpfe gegen das Gastgeberland, die Unterwerfung anderer Religionen, durch Einsatz von Gewalt, Errichten einer Regierung.

Alle drei Teile der Trilogie beschäftigen sich mit dem Dschihad.[17]

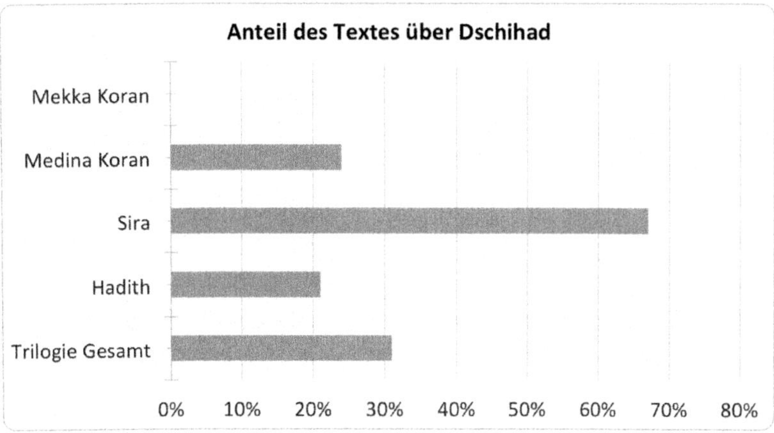

Der Dschihad in Mekka

Vom Standpunkt des Kriegs aus betrachtet, begann der Dschihad erst mit Mohammeds erstem Tötungsangriff in Medina. Seine Wurzeln jedoch reichen bis nach Mekka zurück, als Mohammed die alten Götter der Ureinwohner verfluchte. Der Dschihad ist eine Kraft, die sich gemäß der Umstände nach wie vor manifestiert. Auch wenn die Gewalt nicht über aggressive Streitgespräche, Prügeleien, herabsetzende Bemerkungen, Feindseligkeit, Beleidigungen oder Drohungen hinausgeht, stützt sie sich doch stets auf ein duales Ethiksystem, das in Mekka seinen Anfang nahm.

17 http://cspipublishing.com/statistical/TrilogyStats/Percentage_of_Trilogy_Text_Devoted_to_Jihad.html

In Mekka versprach Mohammed, seine Kritiker umzubringen. Als zwischen den Mekkanern und den Muslimen hitzige Diskussionen entbrannten, war es ein Muslim, der zu einer Waffe griff und für erstes Blutvergießen sorgte. Es war ein Muslim (Umar), der gegen ein Gedicht gewaltsam protestierte. Mohammed war in Mekka, als er einen Blutschwur mit den Muslimen aus Medina unterzeichnete.

Die Wurzel der Gewalt in Medina war der Friede in Mekka. Ein Friede, der nach Unterwerfung schrie.

Der Erfolg des politischen Islam und des Dschihad

Es ist möglich, die Daten, die sich in der Sira finden, als wissenschaftliche Grundlage einer Erklärung für den Erfolg des Islam heranzuziehen.

Der religiöse Islam definiert sich als eine Lehre, die sich damit befasst, wie man ins Paradies gelangen und der Hölle entgehen kann, indem man den Koran und die Sunna befolgt. Der Teil des Islam, der sich mit dem Kafir befasst, bezeichnet man als politischen Islam. Da ein so großer Teil der Trilogie vom Kafir handelt, lässt sich statistisch schlussfolgern, dass der Islam hauptsächlich ein politisches und kein religiöses System ist.

Mohammeds Erfolg gründete auf Politik, nicht auf Religion. Mohammeds Biografie, die Sira, schildert sehr detailliert seinen Aufstieg zur Macht. Dreizehn Jahre lang predigte er die Religion des Islam in Mekka und gewann 150 Anhänger. Er war gezwungen, nach Medina auszuwandern, um Politiker und Krieger zu werden. Während der letzten neun Jahre seines Lebens war er durchschnittlich alle sechs Wochen an einem gewalttätigen Übergriff beteiligt. Als er starb, war jeder Araber ein Muslim. Es war die Politik, nicht die Religion, die ihn so erfolgreich machte.

Es lässt sich schätzen, dass es 100.000 Muslime[18] gab, als Mohammed starb. Diese Information lässt sich in Form einer Grafik darstellen:

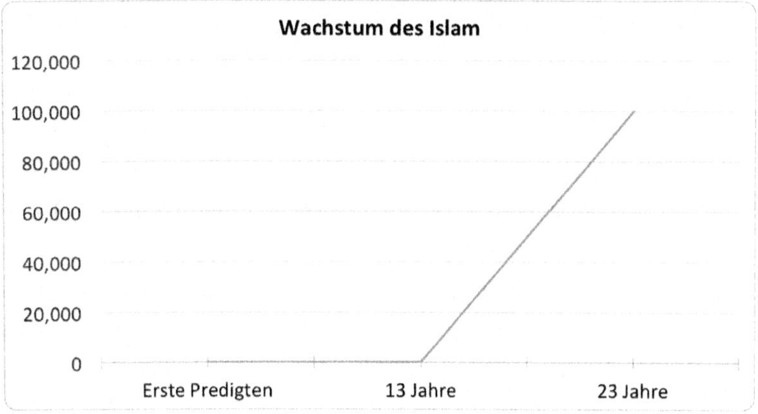

Es existieren zwei verschiedene Wachstumsprozesse – Religion und Politik. Lehrtätigkeit und Religion brachten dabei zwölf neue Muslime pro Jahr hervor, Politik und Dschihad jedoch 10.000 neue Muslime – ein gewaltiger Zuwachs. Dies ist eine Verbesserung des Ertrags um etwa 800 Prozent. Die Politik des Islam war fast tausendmal so effektiv wie Islam als Religion.

Es gäbe heute keinen Islam, wenn es sich nur um eine Religion handeln würde. Statistiken beweisen, dass es die islamische Politik war, die den Islam so erfolgreich machte, nicht die Religion. Die Behauptung, der Islam sei die Religion des Friedens, ist eine Themaverfehlung, da die Religion nicht den Kern der islamischen Macht darstellt. Es ist die islamische Politik, auf die es ankommt, nicht die Religion. Das statistische Ergebnis lautet: Der Islam ist hauptsächlich eine politische Ideologie.

---

18 The History of al-Tabari, Band XI, SUNY, Albany, NY, Seite 9. Khalid, das Schwert Allahs, trat im Jahre 633 AD in den Krieg (Mohammed starb 632 AD) mit 10.000 muslimisch-arabischen Truppen bei der Schlacht von Chains ein. Eine Nation, die sich vollständig im Konflikt befindet, kann eine Armee aufstellen, die aus etwa 10 Prozent der Bevölkerung besteht. Wenn 10 Prozent gleich 10.000 sind, ergibt sich eine Gesamtbevölkerung von 100.000 Personen.

Der Grossmeister des totalen Kriegs

Mohammed war der Großmeister des totalen Kriegs und ist es bis auf den heutigen Tag geblieben. Sein Verständnis um den Einsatz von Gewalt war differenziert und subtil. Körperliche Gewalt machte nur einen Teil seines Kriegsverständnisses aus. Deshalb wirkt er, verglichen mit anderen Militärführern wie Julius Caesar, so überlegen. Andere militärische Genies errichteten Weltreiche, doch keiner von ihnen verfügte über einen Prozess des Krieges und der Reichsgründung, der sich 1400 Jahre lang hielt und noch immer voranschreitet.

Mohammeds tiefe Erkenntnis war nicht einfach das Führen eines physischen Krieges, sondern eines Kriegs des Geistes, der Emotionen, der Kultur, der Politik und der Religion. Es gibt keinen Aspekt des Menschseins, den Mohammed nicht zu Kriegszwecken nutzte. Geld, Seelenheil, Sex, Kultur, Religion, Schicksal, Familie, Zuwanderung, Gesetzbücher, Regierung, Macht, Täuschung, Rassenstolz, Tribalismus, Gemeinschaft, Angst, Propaganda, Diplomatie, Spionage, Philosophie, Ethik und Psychologie – all das wurde für den Dschihad benutzt. Der Dschihad war und ist kein heiliger Krieg, sondern der allumfassende und totale Zivilisationskrieg.

Islamisierung einer Kultur

Die Sira zeichnet ein lebendiges Bild davon, wie der Islam in eine andere Kultur eindringt. Zu Beginn von Mohammeds Predigttätigkeit in Mekka gab es keine Feindseligkeiten. Der Islam wurde als logische Fortführung der arabischen Stammesreligionen dargestellt. Dann beanspruchte der Islam, als „Bruderreligion" des Judentums zu gelten. Und als nächstes wurde er nicht nur zu einer besseren, sondern zur besten Religion, während sämtliche anderen Religionen falsch lagen. Der Islam ging öffentlich auf Konfrontation, griff jeden Aspekt der Gastgeberkultur an. Es entwickelte sich eine Feindschaft zwischen dem Islam und der mekkanischen Kultur der religiösen Toleranz. Die Mekkaner versuchten, die Muslime zu besänftigen, doch ein Kompromiss war ausgeschlossen. Der Islam wandte sich zunehmend der Gewalt zu, die in einem Vertrag mit neuen Kriegsverbündeten in Medina gipfelte.

Als die Muslime nach Medina auswanderten, waren sie friedliche Einwanderer. Als jedoch die Juden sagten, Mohammed sei kein Prophet gemäß der jüdischen Tradition, wurde der Islam feindselig. Der Islam sah sich als die bessere Religion; und als sie es mit Hilfe von Diskussionen nicht beweisen konnten, griffen sie zu gewalttätigen Argumenten. Bis zu diesem Zeitpunkt war die Entwicklung des Islam in Medina ebenso verlaufen wie in Mekka.

Die Einwanderer waren sehr arm, und ihre Religion hatte nur geringen Zulauf. In Medina fand Mohammed eine Möglichkeit, Geld einzunehmen und mit den Mekkanern, die sich nie zum Islam bekehrt hatten, alte Rechnungen zu begleichen. Die Lösung war eine politische – Dschihad gegen die Mekkaner, die Juden und ihre Nachbarn. Durch Dschihad eroberte der politische Islam ganz Arabien innerhalb von neun Jahren.

Mohammed und die Juden

Die Beziehung zwischen Mohammed und den Juden nimmt einen großen Teil der Sira ein. In Mekka war Mohammeds Beziehung zu ihnen religiöser Natur. Mohammed setzte Allah mit Jehova gleich. (Mohammed erklärte nie, wer Allah war. Es war auch nicht nötig. Allah, der Mondgott, war der oberste der vielen Götter in der Kaaba. Der Stamm der Quraisch leistete lange vor Mohammed alle Eide auf Allah.) Der Koran übernahm die jüdischen Geschichten über Moses, Adam und andere, um klarzumachen, dass Allah alle bestrafen würde, die Seinem Propheten nicht Folge leisteten.

Er vertrat diesen Standpunkt, bereits in Mekka war, wo es nur sehr wenige Juden gab. Medina hingegen war etwa zur Hälfte jüdisch. Ihre Führer waren nicht sehr wortgewandt, aber trotzdem ließen sie Mohammed wissen, dass er kein jüdischer Prophet sei. Daraufhin veränderte sich der Tonfall Mohammeds und des Korans hinsichtlich der Juden. Der theologische Grundstein für ihre Vernichtung war gelegt.

Als Mohammed den ersten jüdischen Stamm angriff, hatten sie nur die Wahl zwischen Konversion und Exil, samt Verlust all ihrer Besitztümer. Mit dem zweiten Stamm verhielt es sich genauso. Der dritte Stamm von Medina jedoch hatte nur noch die Wahl zwischen Konversion oder Tod. Die Juden von Chaibar hatten die Wahl zwischen Konversion und Dhimmitum, einem permanent zweitklassigen Rechtsstatus.

Die jüdischen Stämme waren nie in der Lage, echte Bündnisse gegen den Islam einzugehen. Jeder Stamm war bei seinem Kampf gegen den Islam allein auf sich gestellt, und alle verloren sie ihn.

Die Ablehnung der Juden ist in der Trilogie[19] noch ausgeprägter als in Adolf Hitlers ***Mein Kampf***. Der Hauptunterschied zwischen ***Mein Kampf*** und der Trilogie besteht darin, dass Hitler in seinem Buch die Juden anfangs keineswegs bewundert. Es besteht ein Widerspruch zwischen dem, wie der Koran die Juden in Mekka und die in Medina behandelt. Getreu dem islamischen Dualismus sind beide Haltungen gegenüber den Juden gleichzeitig gültig.

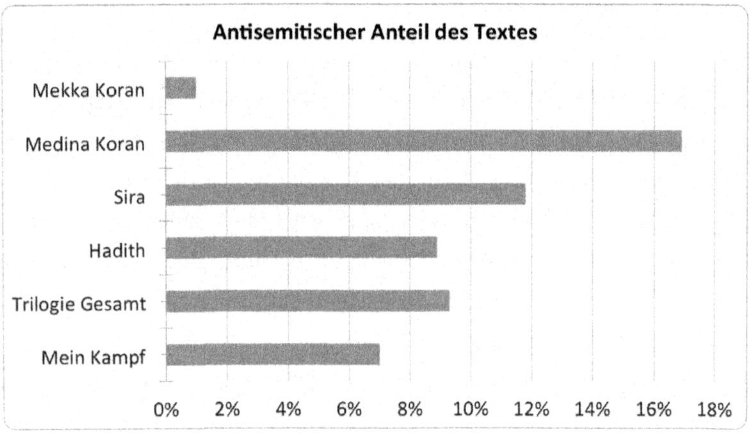

Dhimmis

Die Beziehung zwischen Islam, Christen und Juden geht auf Mohammed zurück. Diese Beziehung ist der Dhimmi-Status (das Dhimmitum), wie er in Chaibar begründet wurde, nachdem die Juden niedergeworfen worden waren. Ein Dhimmi ist ein Jude oder Christ, der damit einverstanden ist, in politi-

19 http://cspipublishing.com/statistical/TrilogyStats/Amt_anti-Jew_Text.html

scher, kultureller und religiöser Hinsicht ein Bürger zweiter Klasse zu sein. Die Dhimmis opfern sämtliche Bürgerrechte und zahlen eine spezielle Steuer der Demütigung. Tatsächlich gründete der Kapitalfluss des islamischen Reichs auf dieser speziellen Steuer, der Dschizya.

Sklaverei

Mohammed nahm sich Sklaven, verkaufte Sklaven, kaufte Sklaven, befreite Sklaven, folterte Sklaven, hatte Sex mit Sklaven, verschenkte Sklaven zu sexuellen Zwecken, erhielt Sklaven als Geschenk, verdingte Sklaven als Arbeiter. Die Sira äußert sich unmissverständlich zum Thema Sklaverei.

Im Islam gilt die Sklaverei als Segnung. Entweder der Sklave oder seine Familie konvertieren eines Tages zum Islam, um freigelassen zu werden, wodurch neue Muslime entstehen.

Ein Krieg der Zivilisationen

Der Islam ist eine Zivilisation des Dualismus und der Unterwerfung. Unsere eigene Zivilisation ist eine mit einem einheitlichen ethischen Ideal. Auch wenn wir dieses Ideal nicht immer erreichen, eignet es sich dennoch dazu, zu urteilen und uns zu leiten. Die Goldene Regel führt uns zur Gleichheit und Freiheit. Gleichheit und Freiheit haben in der Dualität und Unterwerfung keine Grundlage. Man kann sich nicht unterwerfen und gleichzeitig frei sein. Auch Gleichheit gibt es in der Unterwerfung nicht.

Die Vision von einer Menschheit mit einem freiheitlichem Geist, lässt sich auch nicht in Einklang bringen mit der Vision, dass alle Welt sich dem Islam zu unterwerfen hat. Nur eins von beiden kann triumphieren.

1400 Jahre lang triumphiert nun der Islam schon über den Kafir, den christlichen Kafir, den jüdischen Kafir, den hinduistischen Kafir, den buddhistischen Kafir, den atheistischen Kafir und den afrikanischen Kafir.

Heute stolpert unsere Kultur durch die Finsternis des Dhimmitums. Doch das Licht des Wissens über die Lehre und Geschichte des politischen Islam kann diese Finsternis auflösen.

Wenn wir erst das wahre Wesen der islamischen Zivilisation verstanden haben, können wir uns vereinen, den Dualismus überwinden und über die Unterwerfung triumphieren.

Zu guter Letzt

Nehmen Sie sich Zeit, über das Gelesene nachzudenken und ziehen Sie Ihre eigenen Schlussfolgerungen. Falls Sie mehr wissen wollen, lesen Sie das Buch **Mohammed and the Unbelievers**, CSPI Publishing.

Falls Sie die Sira im Original (Ishaqs **Sirat Rasul Allah**) lesen wollen, lesen Sie A. Guillaumes **The Life of Muhammad**.

Nachwort

Vielen Dank für den Kauf und die Lektüre dieses Buchs. Sie unterstützen dadurch die Aktivitäten und Ziele von CSPI International.

CSPI International (Center for the Study of Political Islam) ist eine internationale, gemeinnützige, säkulare Bildungsbewegung. Ihr Ziel ist es, die Allgemeinheit über die Lehre des politischen Islam aufzuklären. Der Islam ist eine Ideologie, eine komplette Zivilisation mit eigener Kultur, eine Religion sowie ein politisches oder Rechtssystem. Das politische System ist es, mit dem CSPI sich auseinandersetzt, denn dieser Teil des Islam ist es, der die Rolle des Nicht-Muslims oder Kafirs definiert. Die Beziehung zwischen Islam und Kafir findet sich in der Trilogie der drei heiligen islamischen Texte (dem Koran, der Sira, also der Biografie Mohammeds, und dem Hadith, also den Traditionen Mohammeds). Untersucht man die primären Quellentexte des Islam mit Hilfe simpler statistischer Methoden, so werden viele seiner Gedankengänge sehr deutlich – zum Beispiel die politische Natur des Islam. CSPI International interessiert sich ausschließlich für die Ideologie des politischen Islam, nicht mit der Religion oder deren Mitglieder. Auf diese Weise vermeiden wir eine emotionale Argumentation. Unsere Organisation legt Wert auf ein rationales Denken und Debattieren über politische Ideen. Selbst wenn die Doktrin des Islam in intellektuellen Begriffen wiedergegeben wird, führt dies zu emotionalen Resultaten, einschließlich Wut und Depression. Die notwendige Reaktion ist jedoch rationaler, nicht emotionaler Natur. Die Welt hat ein neues Werkzeug für den Umgang mit dem Islam – die faktengestützte Argumentation sowie eine sachkundige Gemeinschaft von Aktivisten.

Unterstützen Sie uns!

Wenn Ihnen unsere Arbeit gefällt und auch Sie der Meinung sind, dass es wichtig ist, Informationen über den politischen Islam zu verbreiten, können Sie uns auf mehrfache Weise helfen. Zunächst einmal können Sie die Informationen mit Ihrer Familie, mit Freunden, Mitschülern und Arbeitskollegen teilen. Wenn Sie unsere Bemühungen für sinnvoll halten, können Sie uns auch finanziell und/ oder mit Ihrer Zeit unterstützen. Falls Sie uns finanziell unterstützen wollen, können Sie dies sowohl durch eine einmalige Zahlung als auch mit regelmäßigen Spenden tun. In beiden Fällen helfen Sie uns dabei, unsere Aktivitäten auszubauen. Falls Sie uns mit Ihrer Zeit unterstützen wollen, müssen Sie nicht zwingend Mitglied von CSPI International werden. Sie können auch für die Leute in Ihrem Umfeld zur Informationsquelle über den politischen Islam oder zum Musterbeispiel für jemanden mit einem klaren Verständnis der Materie werden. Zu guter Letzt können Sie auch an unseren Aktivitäten teilnehmen, wie z. B. Übersetzungen, Forschung, Veröffentlichung, grafische Gestaltung, Rechtsberatung, Finanzierung, Verwaltung und vielerlei mehr.

Besuchen Sie die Internetseite: www.cspii.org/support-us

Vielen Dank für Ihre Unterstützung.

Weiterführende Literatur

Die Scharia

Scharia für Nicht-Muslime, CSPI Publishing

Der Hadith

Die Sunna Mohammeds, CSPI Publishing

The Koran

A Simple Koran or An Abridged Koran, CSPI Publishing

CPSIA information can be obtained
at www.ICGtesting.com
Printed in the USA
LVOW02s1614170717
541645LV00036B/2001/P

9 788088 089575